기도, 은혜의 통로

Prayer, the Passage to Grace

기도,
은혜의
통로

이영훈 지음

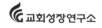 교회성장연구소

머리말

'이 때에 예수께서 기도하시러 산으로 가사 밤이 새도록 하나님께 기도하시고'(눅 6:12)

예수님은 기도의 일생을 사셨습니다. 예수님은 금식기도로 사역을 시작하셨으며, 언제나 기도로 하나님과 교제하셨으며, 기도의 능력으로 사역하셨고, 기도하신 후에 십자가로 향하셨습니다. 이처럼 기도는 영성의 기초이며, 신앙생활의 핵심 요소입니다. 『기도, 은혜의 통로』는 성경이 말하는 기도의 참된 의미를 성도님들에게 제시해주고, 성도님들의 영적 성숙을 돕기 위해 출간되었습니다.

본 책은 성도님들에게 기도를 최대한 알기 쉽게 설명해주는 데에 주안점을 두었습니다. 그래서 기도에 대한 전반적인 내용들을 기초적인 부분에서부터 심도 있는 부분에 이르기까지 간명하게 설명하고 있습니다. 그리고 관련 성경 구절을 함께 기재하여 성경에서 말하는 기도란 무엇인지에 대해 성도님들에게 전달해주고자 했습니다. 그래서 성도님들이 기도에 대한 궁금증이 생겼을 때, 언제든지 이 책을 펼쳐보면 성경적 근거와 함께 원하시는 해답을 얻으실 수 있을 것입니다. 그리고 성경 속 여러 인물들과 기독교 역사에 한 획을 그은 신앙 선배들의 기도를 조명해봄으로써, 성도님들에게 모범적인 기도의 모델을 제시하고 있습니다.

기도는 영적인 호흡입니다. 숨을 쉬지 않으면 육체의 생명을 유지할 수 없듯이, 기도를 하지 않으면 영적 생명력을 보전할 수 없습니다. 또한 기도할 때 우리를 향한 하나님의 마음을 알 수 있으며, 하나님께서 주시는 비전으로 우리의 삶이 인도받을 수 있습니다.

『기도, 은혜의 통로』를 읽는 모든 성도님들이 기도에 대한 이해를 명확하게 하는 것과 더불어 신실한 기도의 삶을 살아가게 되시기를 소원합니다. 그리하여 세상 가운데 예수님의 향기를 내고, 하나님의 영광을 드높이기를 간절히 기도드립니다.

여의도순복음교회 담임목사 이영훈

CONTENTS

1 CHAPTER 기도에 대한 이해 :: 8
1 기도의 정의 :: 9
2 기도의 이유 :: 26

2 CHAPTER 기도의 대상 :: 38
1 하나님 :: 39
2 예수님 :: 50
3 성령님 :: 60

3 CHAPTER 기도의 목적 :: 66
1 하나님과의 친밀한 관계 형성 :: 67
2 하나님의 능력 체험 :: 74
3 그리스도인의 거룩한 삶 :: 82
4 기도 응답의 체험 :: 90

4 CHAPTER 기도의 종류와 자세 :: 98
1 기도의 종류 :: 99
2 기도의 자세 :: 118

5 CHAPTER 기도의 유익 :: 128
1 하나님의 뜻 가운데 살게 된다 :: 129
2 하나님의 은혜와 능력을 체험한다 :: 138
3 삶의 문제를 해결받는다 :: 148

6 CHAPTER

기도의 응답 :: 156

1 기도 응답의 비결 :: 157

2 기도 응답의 유형 :: 170

3 기도 응답이 오지 않는 경우 :: 180

7 CHAPTER

기도와 성령충만 :: 188

1 성령세례(침례)와 성령충만의 체험 :: 189

2 성령의 재충만 :: 200

3 성령의 인도하심 :: 206

4 성령충만과 방언기도 :: 214

8 CHAPTER

성경 속 기도 :: 220

1 예수님의 기도 :: 221

2 모세의 기도 :: 228

3 여호수아의 기도 :: 237

4 한나의 기도 :: 243

5 다니엘의 기도 :: 247

9 CHAPTER

역사 속 기도 :: 256

1 폴리캅의 기도 :: 257

2 아우구스티누스의 기도 :: 263

3 성 프란체스코의 기도 :: 270

4 마르틴 루터의 기도 :: 277

5 존 웨슬리의 기도 :: 284

부록 주제별 기도 예문 :: 294

1 CHAPTER

기도에 대한 이해
Prayer, the Passage to Grace

기도와 신앙생활은 불가분의 관계입니다. 사람이 숨을 쉬지 않으면 살 수 없듯이 영적 호흡인 기도를 하지 않으면 신앙생활에 많은 어려움이 있습니다. 기도하지 않으면 성령과 동행할 수 없고 나중에는 믿음을 지키기가 힘들어집니다. 항상 충분한 기도로 성령충만을 받고, 하나님과의 깊은 교제를 나누어야 합니다. 기도는 자신의 필요를 나열하는 일방적인 독백이 아니라 하나님의 뜻이 무엇인지를 구하고, 하나님의 응답을 기다리며, 하나님과 영적으로 소통하고 교제하는 것입니다.

1) 기도의 정의

기도는 '우리가 구할 때 하나님이 들으시고, 하나님이 말씀하실 때 우리가 듣는 행위'라고 할 수 있습니다. 따라서 기도는 우리가 일방적으로 하나님께 우리의 소원을 간청하는 것 이상의 의미를 지닙니다. 기도는 하나님과 우리가 함께 이야기하는 대화의 시간이자, 소통의 자리입니다.

(1) 하나님과의 영적 교제

기도는 하나님과의 영적인 교제입니다. 에덴동산에서 아담과 하와가 범죄한 후, 인간과 하나님과의 관계는 단절되었습니다. 그런데 예수 그리스도 십자가의 구속의 은혜로 단절된 하나님과의 관계가 회복되었고 우리는 하나님께 나아갈 담력을 얻게 되었습니다.

> 히 10:19-20 | 그러므로 형제들아 우리가 예수의 피를 힘입어 성소에 들어갈 담력을 얻었나니 그 길은 우리를 위하여 휘장 가운데로 열어 놓으신 새로운 살 길이요 휘장은 곧 그의 육체니라

기도는 예수 그리스도의 보혈의 공로로 인해 회복된 하나님과의 관계를 더욱 친밀하게 만드는 유일한 길입니다. 기도가 없이는 하나님과 영적인 교제를 시작할 수도, 유지할 수도 없습니다.

① 회개의 기도

회개의 기도는 용서의 관문입니다. 진정한 회개가 없다면 하나님의 용서는 임하지 않습니다. 회개의 기도는 말로만 하는 뉘우침의 기도가 아니라 진정한 돌이킴을 의미합니다. 예수님께서는 간음하다 잡힌 여인을 용서하시면서 회개에 맞는 결단을 요구하셨습니다.

요 8:11 | 대답하되 주여 없나이다 예수께서 이르시되 나도 너를 정죄하지 아니하노니 가서 다시는 죄를 범하지 말라 하시니라

같은 죄를 반복해서 짓고 또 회개하는 것은 진정한 회개라고 할 수 없습니다. 진정한 회개는 죄의 고백과 함께 죄에서 돌이키는 결단이 필요합니다. 사람의 힘으로는 죄를 이길 수 없습니다. 회개한 뒤에는 겸손히 자신의 연약함을 고백하고 다시는 그 죄에 빠지지 않도록 성령님의 도우심을 간구해야 합니다.

② 영접의 기도

예수님을 구주로 영접하지 않으면 하나님과의 관계가 시작될 수 없습니다. 예수님을 나의 구주로 모셔들이는 것은 영접의 기도를 통해 이루어집니다. 영접의 기도를 통해 우리는 죄인에서 하나님의 자녀로 변하게 됩니다.

요 1:12 | 영접하는 자 곧 그 이름을 믿는 자들에게는 하나님의 자녀가 되는 권세를 주셨으니

영접의 기도를 통해 우리는 하나님과 새로운 관계를 맺게 됩니다. 과거에는 죄의 노예였고 저주 가운데 있었지만, 영접의 기도를 통해 하나님의 자녀가 되는 권세를 누리게 됩니다. 이제 하나님은 우리에게 심판자가 아니라 '아빠 아버지'가 되어주십니다(롬 8:15).

③ 죄의 고백

모든 사람이 죄를 지었기 때문에 하나님의 영광에 이르지 못합니다(롬 3:23). 그러나 우리가 예수님의 이름으로 우리의 죄를 고백하면 하나님께서는 우리의 모든 죄와 불의를 깨끗하게 해주겠다고 약속하셨습니다.

> 요일 1:9 | 만일 우리가 우리 죄를 자백하면 그는 미쁘시고 의로우사 우리 죄를 사하시며 우리를 모든 불의에서 깨끗하게 하실 것이요

죄의 고백은 하나님과의 영적 교제의 시작입니다. 시편에는 다윗의 참회의 시가 7편(6, 32, 38, 51, 102, 130, 143)이 기록되어있습니다. 그 가운데 51편은 죄의 용서를 바라는 기도의 모범이라고 할 수 있습니다.

> 시 51:1-2 | 하나님이여 주의 인자를 따라 내게 은혜를 베푸시며 주의 많은 긍휼을 따라 내 죄악을 지워 주소서 나의 죄악을 말갛게 씻으시며 나의 죄를 깨끗이 제하소서

다윗은 다른 사람들에게는 죄를 숨기려고 했습니다. 그러나 하나님 앞

에서는 죄를 숨기지 않았습니다. 죄의 고백이 없다면 하나님께 한 발자국도 나아갈 수 없습니다. 자신의 죄를 깨닫지 못하고, 또한 자신이 죄인인 것을 인정하지 않는 사람은 하나님과 영적인 교제를 할 수 없습니다. 하나님께 겸손히 자신의 죄를 고백할 때 하나님과의 영적인 교제가 회복됩니다.

(2) 하나님과의 영적인 대화

기도는 하나님과의 영적인 대화입니다. 아무리 가까운 사이라고 해도 서로 대화하지 않고 소통하지 않으면 오해가 생기고 나중에는 회복할 수 없는 관계에까지 이르게 됩니다. 하나님과의 관계를 유지하고 더욱 발전시키기 위해서는 영적인 대화가 필요합니다. 하나님과의 대화는 부르짖고, 듣고, 순종할 때 이루어집니다.

① 부르짖으라

하나님께 부르짖어 간구하는 것은 성도의 특권입니다. 하나님께서는 우리가 부르짖으면 응답하시겠다고 말씀합니다. 성도는 간절히 부르짖고 하나님께서는 이것에 대해 대답하시는 관계 속에서 영적인 대화가 이루어집니다.

렘 33:3 | 너는 내게 부르짖으라 내가 네게 응답하겠고 네가 알지 못하는 크고 은밀한 일을 네게 보이리라

아무리 우리의 생각과 눈에 쉽게 보이는 일이라고 해도 우리는 하나님의 뜻이 무엇인지 묻고 그분의 뜻을 알기 위해 부르짖어 간구해야 합니다. 또한 우리의 삶 가운데 일어나는 많은 문제는 우리의 힘으로 해결할 수 없지만 하나님은 일을 지으시고 성취하시는 분이시기(렘 33:2) 때문에 능히 해결할 수 있습니다.

> 사 55:8-9 | 이는 내 생각이 너희의 생각과 다르며 내 길은 너희의 길과 다름이니라 여호와(야훼)의 말씀이니라 이는 하늘이 땅보다 높음 같이 내 길은 너희의 길보다 높으며 내 생각은 너희의 생각보다 높음이니라

그러므로 항상 하나님을 의지하여 기도하고 하나님의 뜻을 구해야 합니다.

② 들으라

우리는 기도를 통해 성령님의 인도하심을 따라 하나님의 임재 속으로 들어가게 됩니다. 그리고 하나님의 임재 가운데 세밀한 음성을 듣게 됩니다. 기도의 목적은 하나님께 우리의 소원과 필요를 전달하는 것이 아니라 하나님의 말씀과 뜻을 듣는 것입니다.

> 신 6:4-5 | 이스라엘아 들으라 우리 하나님 여호와(야훼)는 오직 유일한 여호와(야훼)이시니 너는 마음을 다하고 뜻을 다하고 힘을 다하여 네 하나님 여호와(야훼)를 사랑하라

이사야 선지자는 하나님과의 영적인 교제를 위해 이스라엘 백성들에게 먼저 "들으라"라고 말씀하고 있습니다. 우리의 기도가 일방적으로 자기가 원하는 것을 구하는 것이라면, 무속 신앙이나 다른 종교의 기도와 다를 것이 없습니다. 기도는 우리의 뜻을 하나님께 관철시키거나 우리의 의지대로 하나님을 움직이려는 것이 아닙니다. 기도는 자기의 소원만을 이루려는 것이 아니라 하나님의 뜻을 찾고 구하며, 하나님의 말씀을 듣는 것입니다.

③ 순종하라

순종은 하나님과의 영적인 대화의 마지막 행동입니다. 하나님의 말씀을 듣고 순종하지 않으면 하나님과의 영적인 대화는 의미가 없습니다. 하나님께서는 우리에게 말씀을 허락하시고 그 말씀을 다 지켜 행하라고 말씀하셨습니다.

> 레 19:37 | 너희는 내 모든 규례와 내 모든 법도를 지켜 행하라 나는 여호와(야훼)이니라

하나님의 말씀을 읽는 것도 중요하지만 그 말씀대로 지켜 행하는 것이 더욱 중요합니다. 기도도 하나님의 말씀을 듣고 순종하기 위한 것입니다. 기도의 응답을 받았다면 그 기도의 응답대로 순종해야 합니다. 기도 응답을 받아놓고 그대로 순종하지 않는다면 기도 응답은 아무런 의미가 없습니다.

순종한다는 것의 의미는 무엇일까요? 그것은 바로 '나의 뜻을 포기하는 것'입니다. 기도는 우리로 하여금 나의 뜻을 포기하고 하나님의 뜻을 선택하게 이끌어, 하나님의 뜻에 순종하도록 해줍니다.

(3) 성도의 영적 호흡

기도는 영적인 호흡입니다. 사람이 호흡을 통해 생명을 유지하듯이 영적 호흡인 기도를 통해 그리스도인들은 영적인 생명을 유지하게 됩니다. 그러므로 성도는 신앙생활의 근본이 되는 기도를 멈추지 말아야 합니다.

골 4:2 | 기도를 계속하고 기도에 감사함으로 깨어 있으라

우리가 생명을 유지하기 위해서 매 순간 신선한 공기를 마시는 것같이, 기도도 매일 끊임없이 해야 합니다. 규칙적인 기도의 습관은 영의 생명을 위해 영적인 공기를 마시는 것과 같습니다.

우리가 매일매일 기도해야 할 또 다른 이유가 있습니다. 그것은 규칙적인 기도가 영적 성장을 이루는 가장 좋은 비결이기 때문입니다. 불규칙적으로 특별한 때에 길고 뜨겁게 기도하는 것도 좋지만, 그보다도 꾸준히 규칙적으로 기도하는 것이 우리의 영성을 키우고 더 건강하게 해주는 비결이 됩니다.

(4) 성령님과의 동행

우리가 예수 그리스도를 구주로 영접하면 하나님과의 교제가 시작됩니다. 예수님을 영접한 후 우리는 기도로써 성령님과 동행하게 됩니다. 영성은 성령님과의 동행을 통해 이루어집니다. 성령님과 동행하지 않는다면 하나님의 뜻을 알 수도 없고 기도 응답도 기대할 수 없습니다.

> 고전 2:10 | 오직 하나님이 성령으로 이것을 우리에게 보이셨으니 성령은 모든 것 곧 하나님의 깊은 것까지도 통달하시느니라

성령님은 하나님의 뜻과 생각을 정확하게 알고 계십니다. 성령님의 도움이 없다면 우리는 하나님의 뜻이 무엇인지 알 수 없습니다. 우리의 생각과 뜻, 육신의 자랑과 세상의 욕심을 좇아 구한 기도는 하나님의 뜻대로 구한 기도가 아니기 때문에 응답되지 않습니다.

> 요일 2:15-16 | 이 세상이나 세상에 있는 것들을 사랑하지 말라 누구든지 세상을 사랑하면 아버지의 사랑이 그 안에 있지 아니하니 이는 세상에 있는 모든 것이 육신의 정욕과 안목의 정욕과 이생의 자랑이니 다 아버지께로부터 온 것이 아니요 세상으로부터 온 것이라

> 약 4:3 | 구하여도 받지 못함은 정욕으로 쓰려고 잘못 구하기 때문이라

우리는 하나님의 뜻을 구하기보다 육신의 정욕과 안목의 정욕, 이생의 자랑에 사로잡혀 우리가 원하는 것만 고집하며 잘못된 기도를 하면서도 그것을 인식하지 못할 때가 있습니다(사 53:6). 이럴 때 성령님은 우리를 도와주셔서 하나님의 뜻이 정확히 무엇인지 세밀한 음성으로 알게 해주십니다.

> 요 16:13 | 그러나 진리의 성령이 오시면 그가 너희를 모든 진리 가운데로 인도하시리니 그가 스스로 말하지 않고 오직 들은 것을 말하며 장래 일을 너희에게 알리시리라

우리는 하나님의 뜻이 무엇인지 알 수 없지만 성령님께서는 정확하게 알고 계십니다. 우리가 기도하지 않고 있거나, 잘못된 길로 가고 있다면 성령께서 말할 수 없는 탄식으로 우리를 위해 친히 간구해주십니다. 그러므로 우리는 성령님을 더욱 의지해야 합니다.

① 성령님을 인정해야 함

성령님과 동행하기 위해서는 우선 성령님을 인정해야 합니다. 성령님을 인정할 때 그리스도인으로서 합당한 삶을 살게 되고, 성령님의 인도함을 받을 수 있습니다.

> 잠 3:5-6 | 너는 마음을 다하여 여호와(야훼)를 신뢰하고 네 명철을 의지하지 말라 너는 범사에 그를 인정하라 그리하면 네 길을 지도하시리라

성령님을 인정하지 않으면 성령님과 동행할 수 없습니다. 성령님의 존재를 무시하고 성령님의 역사를 부인하면 성령님은 우리의 삶 가운데 역사하지 않습니다. 보혜사 성령은 항상 우리와 함께 계십니다. 그러므로 우리는 먼저 성령님을 인정해야 합니다. 바울은 고린도 교인들에게 한탄 섞인 어조로 이렇게 말했습니다.

> 고전 3:16 | 너희는 너희가 하나님의 성전인 것과 하나님의 성령이 너희
> 안에 계시는 것을 알지 못하느냐

우리와 함께 계신 성령님을 인정하지 않는 것은 어리석은 것입니다. 성령님을 인정하고, 환영하고, 마음 가운데 모셔들일 때 성령님과 동행할 수 있습니다. 성령님은 우리 가운데 역사하시며 우리를 하나님의 사람으로 바꾸어가십니다.

우리가 성령님을 인정한다는 것은 삶의 작은 순간에도 성령님을 의식하는 것을 말합니다. 가족, 친구, 직장동료 등과의 소소한 대화 시간에도 '이 자리에 성령님이 계시다'는 생각을 한다면, 우리의 말과 행동은 이전과 많이 달라질 것입니다.

② 성령을 의지해야 함

사람의 힘과 능력으로 할 수 없는 일을 성령님께서는 하실 수 있습니다. 성령님을 의지할 때 믿음의 승리를 볼 수 있습니다. 시험도 이겨낼 수 있습니다. 초대교회 성도들이 수많은 시련과 환난을 이겨내고 믿음으로

승리할 수 있었던 것은 성령님을 의지했기 때문입니다.

요 14:26 | 보혜사 곧 아버지께서 내 이름으로 보내실 성령 그가 너희에게 모든 것을 가르치고 내가 너희에게 말한 모든 것을 생각나게 하리라

시험과 문제가 다가왔을 때 성령님을 의지하면 성령님께서 우리에게 하나님의 약속의 말씀을 생각나게 하셔서 믿음으로 이길 수 있게 해주십니다. 성령님은 우리를 하나님의 말씀으로 인도해주시고 하나님께서 예비하신 길을 발견하게 합니다. 우리는 우리의 생각을 버리고 하나님께서 영광 받으시는 삶을 살기 위해서 성령님을 의지해야 합니다.

갈 5:24-25 | 그리스도 예수의 사람들은 육체와 함께 그 정욕과 탐심을 십자가에 못 박았느니라 만일 우리가 성령으로 살면 또한 성령으로 행할지니

성령님을 의지할 때 우리의 삶은 우리의 욕심을 채우기 위한 삶이 아니라 하나님의 뜻을 이루기 위한 삶으로 바뀝니다.

갈 5:16 | 내가 이르노니 너희는 성령을 따라 행하라 그리하면 육체의 욕심을 이루지 아니하리라

우리는 육체의 욕심을 이루기 위해서 살아서는 안 됩니다. 성령님을 따

라서 살고 성령님께서 주시는 꿈과 비전을 이루며 살아야 합니다. 우리의 삶과 기도는 우리의 뜻을 이루기 위한 것이 아니라 하나님의 영광을 위한 것이어야 합니다.

③ 성령충만을 사모해야 함

성령님과 함께할 때 우리의 믿음은 더욱 견고하게 됩니다. 우리의 신앙은 예수 그리스도의 이름으로 구원을 받은 상태에 머무르면 안 됩니다. 구원을 받은 사람은 성령세례(침례)를 받아야 하고, 성령세례(침례)를 받은 사람은 성령충만을 사모해야 합니다. 그래서 성경은 성령충만을 받으라고 명령하고 있습니다.

> 엡 5:18 | 술 취하지 말라 이는 방탕한 것이니 오직 성령으로 충만함을
> 받으라

성령님을 사모하지 않는 사람에게 성령님이 임하지 않습니다. 성령충만을 받겠다는 결단을 하지 않으면 성령충만을 받을 수 없습니다. 성령님을 사모할 때 성령의 은사를 받게 되고 성령의 열매도 맺게 됩니다. 성령충만은 성령님께서 우리의 삶을 전적으로 주관하시도록 하는 것입니다. 성령충만은 한 발은 세상에 또 다른 발은 하나님께 두고 사는 것이 아닙니다. 성령충만은 전적으로 성령님께 이끌리는 삶을 살기로 결단하는 것입니다.

(5) 문제 해결의 열쇠(골 4:2; 막 14:38)

인생은 문제와 문제 해결의 연속입니다. 그래서 인생은 얼마나 문제를 신속히 잘 해결하느냐에 따라 성패가 달려있다고 해도 과언이 아닙니다. 그래서 사람들은 문제를 해결하기 위해 지식과 지혜를 구하고, 갖은 수단을 동원합니다. 그러나 이러한 것들이 진정으로 우리 삶 앞에 놓인 문제를 온전히 해결해주지는 못합니다. 진정한 문제의 해결은 오로지 기도할 때 가능합니다. 기도할 때 하나님께서 역사하시기 때문입니다. 기도만이 불가능을 가능하게 하는 열쇠가 됩니다.

① 기도는 하나님의 손에 맡기는 것이다.

인간의 힘으로 할 수 없는 것을 하나님의 손에 맡기는 것이 기도입니다. 예수님께서는 예수님의 이름으로 기도하는 것을 실행하시겠다고 말씀합니다.

> 요 14:13-14 | 너희가 내 이름으로 무엇을 구하든지 내가 행하리니 이는 아버지로 하여금 아들로 말미암아 영광을 받으시게 하려 함이라 내 이름으로 무엇이든지 내게 구하면 내가 행하리라

기도로 우리의 문제를 하나님께 맡겼다면 그 문제는 더 이상 우리의 문제가 아닙니다. 하나님께서 친히 관여하시고 해결하십니다. 하나님께서는 우리가 문제와 어려움으로 고통당하는 것을 원하지 않으십니다.

하나님께서는 우리가 감당하지 못할 시험을 허락하지 않으시며, 또한 시험당할 때에 피할 길을 예비하시고 우리로 능히 감당할 수 있도록 만들어주시는 분이십니다(고전 10:13). 그러므로 시험과 환난이 다가왔을 때 우리가 해야 할 일은 기도하는 것입니다.

② 환난 때에 도움을 구하는 것이다.

시련과 환난이 다가왔을 때 하나님께 간구하면 하나님께서는 우리의 문제를 해결해주십니다.

> 시 50:15 | 환난 날에 나를 부르라 내가 너를 건지리니 네가 나를 영화롭게 하리로다

기도는 문제의 해결을 위해 문을 두드리고 찾는 것입니다. 문을 두드리고 찾지 않으면 문제는 해결되지 않습니다. 성경은 의인의 간구는 역사하는 힘이 많다고 말씀합니다.

> 약 5:16 | 그러므로 너희 죄를 서로 고백하며 병이 낫기를 위하여 서로 기도하라 의인의 간구는 역사하는 힘이 큼이니라

간혹 어떤 사람들은 개인적인 문제 해결을 위해 간구하는 것은 미성숙한 기도라고 하는데, 그건 옳지 않은 말입니다. 아무리 우리가 성숙하다고 할지라도 우리 모두는 하나님 앞에서 어린아이에 불과합니다. 우리는

이 땅을 사는 동안 언제나 연약합니다. 하나님의 도움이 없이는 하루도 살아갈 수 없습니다. 그러므로 우리는 우리의 필요를 위해, 문제를 해결하기 위해 하나님께 간구해야 합니다. 간구의 기도를 드리는 사람은 하나님을 의지할 줄 아는 진정으로 성숙한 신앙인입니다.

③ 기도는 하나님의 역사와 능력을 경험하게 한다.

믿지 않는 사람들은 기도가 무슨 힘이 있냐고 말하지만 기도는 역사하는 힘이 매우 큽니다. 마가복음 9장 17-29절은 한 사건을 기록하고 있습니다. 어떤 사람이 귀신 들린 아이를 제자들에게 데리고 왔지만 고치지 못했습니다. 그러자 그 아이를 예수님께 데리고 갔습니다. 예수님께서는 더러운 귀신을 쫓아내셨습니다. 이 일이 있은 후 제자들은 예수님께 왜 자신들은 귀신을 쫓아낼 수 없었는지 그 이유를 물었습니다. 예수님께서는 제자들에게 이렇게 말씀하셨습니다.

> 막 9:28-29 | 집에 들어가시매 제자들이 조용히 묻자오되 우리는 어찌
> 하여 능히 그 귀신을 쫓아내지 못하였나이까 이르시되 기도 외에 다른
> 것으로는 이런 종류가 나갈 수 없느니라 하시니라

영적인 능력과 기적은 기도를 통해 나타납니다. 기도는 위기를 기회로 만들고, 절망을 희망으로 바꿉니다. 기도하지 않으면 문제는 해결되지 않습니다.

유수연 자매는 어려서부터 학교에서 1등을 놓치지 않는 수재였습니다. 그녀는 장래에 법조인이 되는 꿈을 꾸며 열심히 공부하며 자랐습니다. 그런데 고등학교 1학년때 몸이 좋지 않아 병원에 검진을 받았는데 뜻밖에도 '급성골수백혈병' 판정을 받았습니다. 의사로부터 그녀의 삶이 얼마 남지 않았다는 이야기를 듣고 하늘이 무너지는 것 같은 절망이 몰려왔습니다. 그녀는 그때부터 작정하고 하나님께 절실한 마음을 담아 기도하기 시작했습니다. 이토록 절망스러운 상황 속에서 간절히 기도하는데 새벽에 꿈에 요나가 3일 만에 물고기 배 속에서 나오는 꿈을 꿨습니다. '아, 하나님이 나를 살려주시겠구나.' 그래서 하나님 앞에 엎드려 눈물로 감사하며 더 열렬히 기도했습니다.

다행히 하나님께서 길을 열어주셔서 '자가 말초혈액 조혈모세포 이식'을 수술받았지만 수술 후 복수가 차고 황달이 왔습니다. 얼굴이 새까맣게 되면서 사경을 헤매게 되었습니다. 모든 가족과 교회가 그녀를 위해 기도했습니다. 석 달이 지난 후 몸이 서서히 회복되기 시작했습니다. 그러나 몸이 너무 약해 학교를 다닐 수는 없었습니다. 학교를 다닐 수 없어서 검정고시를 통해 2000년에 총신대 작곡과에 들어갔습니다. 그 후 4년 동안 내내 성적장학금을 받고 수석으로 졸업한 다음 오스트리아로 유학을 떠나서 오스트리아 그라체 국립대학교 작곡이론과에 합격해서 2007년에 최우수 졸업생으로 학부를 마치고 지휘, 오페라 코치과에 들어갔습니다. 2011년 국제적 권위를 인정받는 제30회 오스트리아 벨베데레 국제 콩쿠르에서 오페라 코치 부문에 1등상과 특별상을 수상했습니다. 그녀는 이런 간증을 합니다.

"하나님께서 마치 퍼즐 조각을 맞추시듯 제 인생을 이끄셨습니다. '왜 이런 일이 나에게 생기지?' 하는 일도 나중에 보니 다 필요한 퍼즐 조각이더라고요. 저는 내가 무엇을 계획해서 사는 것이 아니라 있는 곳에서 최선을 다할 때 하나님께서 인도해주시는 것을 깨달았습니다. 그래서 오늘도 저는 하나님을 의지하고 기도합니다. 하나님을 의지하고 기도하면 하나님께서 어떤 위기 가운데서도 건져주실 것을 믿기 때문입니다."

요약

PRAYER·THE·PASSAGE·TO·GRACE

기도에 대한 정의

1. 하나님과의 영적인 교제이며 대화입니다.

   하나님과 영적인 교제를 하기 위해서는 대화가 절대적으로 필요합니다. 우리의 신앙은 하나님과의 대화인 기도를 통해 성숙해집니다.

2. 성도의 영적인 호흡이며 성령님과 동행하는 방법입니다.

   숨을 쉬지 않으면 육신의 몸이 죽을 수밖에 없듯이 기도가 끊어지면 영적인 호흡도 끊어지게 됩니다. 항상 깨어 기도할 때 성령님과 동행하게 되고 영적인 능력을 체험하며 살 수 있게 됩니다.

3. 문제 해결의 열쇠입니다.

   어떤 큰 문제가 있다고 해도 하나님께 기도하면 하나님께서는 우리의 기도를 들으시고 문제를 해결해주십니다.

묵상

1. 기도는 어떻게 정의할 수 있습니까?
2. 하나님과 영적인 교제를 하기 위해서는 어떻게 해야 하는지 생각해봅시다.
3. 기도와 문제의 해결은 어떤 관계가 있는지 생각해봅시다.

적용

1. 영적인 호흡이 끊어지지 않도록 쉬지 말고 기도합시다.
2. 성령님과 동행하고 성령님의 능력을 체험하기 위해서는 성령님을 인정하고 의지하고 사모해야 합니다. 항상 성령님을 의지하며 기도합시다.
3. 기도는 하나님의 손에 우리의 문제를 맡기는 것입니다. 사람을 의지하지 말고 하나님께 우리의 문제를 아뢰며 하나님의 도움을 구하도록 합시다.

2) 기도의 이유

하나님께서 원하시는 것은 우리와의 영적인 교제입니다. 하나님께서 인간을 창조하셨고 인간이 타락한 후에도 인간과의 교제를 완전히 끊지 않으셨습니다. 하나님의 크신 사랑은 예수 그리스도의 성육신 사건으로 나타났고 예수님은 하나님과 우리 사이를 회복시켜 주셨습니다. 예수님께서 세상에 오시기 전에는 예수님의 이름으로 기도하지 않았지만 예수님이 오신 후에는 그분의 이름으로 기도하면 응답을 받게 됩니다.

> 요 16:24 | 지금까지는 너희가 내 이름으로 아무 것도 구하지 아니하였으나 구하라 그리하면 받으리니 너희 기쁨이 충만하리라

기도는 성도들의 선택 사항이 아니라 특권이자 의무입니다. 기도하지 않으면 하나님과 어떠한 영적인 교제도 이루어질 수 없고 삶의 문제도 해결할 수 없습니다.

(1) 하나님의 명령이다(렘 33:3; 요 16:24-26).

성경은 우리에게 "쉬지 말고 기도하라"(살전 5:17)라고 명령하고 있습니다. 세상 사람들은 기도하지 않고 살아갈 수 있지만 그리스도인들은 기도하지 않고는 살아갈 수 없습니다.

① 하나님의 명령에 순종하는 것은 하나님의 백성의 의무이다.

예수님께서는 제자들에게 친히 기도를 가르쳐주셨습니다(마 6:9-13; 눅 11:1-4). 그리고 항상 깨어 기도하라고 하셨습니다(마 26:41). 하나님의 명령은 우리의 생각, 지식, 경험, 감정, 이성적인 판단을 넘어섭니다. 그러므로 하나님의 명령이 온전히 이해가 되지 않을지라도, 그것에 순종하는 것이 하나님 백성의 의무입니다.

> 요 14:21 | 나의 계명을 지키는 자라야 나를 사랑하는 자니 나를 사랑하는 자는 내 아버지께 사랑을 받을 것이요 나도 그를 사랑하여 그에게 나를 나타내리라

성경은 또한 정신을 차리고 근신하여 기도하라고 명령하고 있습니다.

> 벧전 4:7 | 만물의 마지막이 가까이 왔으니 그러므로 너희는 정신을 차리고 근신하여 기도하라

② 하나님의 명령에 순종할 때 기적이 나타난다.

순종은 신앙생활의 기본입니다. 하나님의 말씀에 순종하지 않으면서 하나님을 사랑한다고 말할 수 없습니다. 하나님의 명령에 순종하지 않는다면 하나님의 축복도 기대할 수 없습니다. 성경은 순종이 제사보다 낫고 하나님의 말씀을 듣는 것이 숫양의 기름보다 낫다고 말씀하고 있습니다.

삼상 15:22 | 사무엘이 이르되 여호와(야훼)께서 번제와 다른 제사를 그의 목소리를 청종하는 것을 좋아하심 같이 좋아하시겠나이까 순종이 제사보다 낫고 듣는 것이 숫양의 기름보다 나으니

종은 주인의 말에 순종해야 합니다. 그리스도의 군사로 부름을 받은 이들이 명령에 복종하지 않으면 영적전쟁에서 승리할 수 없습니다. 예수님께서 나사로에게 무덤에서 나오라고 명령하셨을 때 마르다가 이미 죽은 지 나흘이나 되었다고 합니다. 이때 예수님께서 마르다에게 이렇게 말씀하셨습니다.

요 11:40 | 예수께서 이르시되 내 말이 네가 믿으면 하나님의 영광을 보리라 하지 아니하였느냐 하시니

하나님의 명령에 믿고 순종하면 하나님의 영광의 기적을 보게 됩니다.

(2) 하나님의 뜻과 계획을 알기 위해

기도하지 않으면 하나님의 뜻과 섭리를 깨달을 수 없습니다. 또한 기도가 없이는 하나님의 일을 제대로 수행할 수 없고, 하나님께서 무엇을 원하시는지 분별할 수 없습니다.

① 하나님의 뜻을 알기 위하여

아브라함은 하나님께 기도하기 전에 이미 엘리에셀을 자신의 상속자로 삼았습니다(창 15:2). 그러나 하나님의 뜻은 달랐습니다. 하나님께서는 백 세에 아브라함에게 이삭을 주셨고, 이삭을 통해 나온 사람들만이 이스라엘 민족이 되게 하시려는 계획을 가지고 계셨습니다. 하나님께서는 아브라함이 기도할 때 이것을 아브라함에게 알게 하셨습니다(창 15:3-21).

성경은 사람이 기도를 해도 얻지 못하는 것은 하나님의 뜻을 추구하는 것이 아니라 자기 욕심에 사로잡혀 잘못 구하기 때문이라고 합니다.

> 약 4:2-3 | 너희는 욕심을 내어도 얻지 못하여 살인하며 시기하여도 능히 취하지 못하므로 다투고 싸우는도다 너희가 얻지 못함은 구하지 아니하기 때문이요 구하여도 받지 못함은 정욕으로 쓰려고 잘못 구하기 때문이라

기도해도 받지 못하는 것은 하나님의 뜻을 알지 못하고 자신의 욕심에 이끌려 기도했기 때문입니다. 그러므로 우리는 하나님의 뜻을 구하고 하나님께서 원하시는 것을 바로 알고 기도해야 합니다.

② 하나님의 계획을 깨닫기 위하여

우리가 무엇인가를 이루기 위해서는 '시작'이 있어야 합니다. 그래서 "시작이 반이다."라는 말도 있습니다. 그런데 이 시작이란 것이 참으로

힘듭니다. 왜냐하면 사람들은 무엇을, 어떻게, 언제, 어디에서부터 시작해야 할지 고민하기 때문입니다. 그런데 기도할 때 우리는 우리를 향한 하나님의 계획을 깨달을 수 있습니다. 그래서 그 계획을 따라 무엇인가를 '시작'하게 됩니다. 기도를 통해 하나님의 계획을 깨달을 때, 우리의 삶은 비전으로 나아갈 수 있습니다.

> 시 139:17-18 | 하나님이여 주의 생각이 내게 어찌 그리 보배로우신지요 그 수가 어찌 그리 많은지요 내가 세려고 할찌라도 그 수가 모래보다 많도소이다 내가 깰 때에도 여전히 주와 함께 있나이다

(3) 세상을 이기기 위해

하나님의 도움이 없다면 우리는 세상을 이길 수 없습니다. 하나님의 도움이 없으면 우리는 항상 넘어지고 쓰러질 수밖에 없습니다.

① 하나님의 도움을 받기 위해

하나님의 의로운 손으로 우리를 붙들어주실 때 우리는 세상을 넉넉히 이기며 살 수 있습니다.

> 사 41:10 | 두려워하지 말라 내가 너와 함께 함이라 놀라지 말라 나는 네 하나님이 됨이라 내가 너를 굳세게 하리라 참으로 너를 도와주리라 참

으로 나의 의로운 오른손으로 너를 붙들리라

기도는 하나님의 도움을 의지하는 것입니다. 하나님께서 우리를 도와주시면 이 세상의 그 어떤 것도 우리를 대적할 수 없습니다.

② 사탄의 유혹과 시험을 이기기 위해

기도할 때 하나님께서는 사탄의 유혹과 시험을 멸하시고 우리를 건져주십니다. 사탄은 우리를 넘어뜨리려고 합니다. 그러나 우리가 성령님을 의지하며 기도할 때 우리는 사탄을 능히 이길 수 있습니다.

롬 8:37 | 그러나 이 모든 일에 우리를 사랑하시는 이로 말미암아 우리가 넉넉히 이기느니라

기도할 때 우리는 세상의 염려와 근심 속에 사는 것이 아니라 하나님의 영광 가운데 거하게 됩니다.

(4) 영적 성장을 위해

영적 성장의 동력은 기도입니다. 기도가 없이는 영적인 성장을 기대할 수 없습니다. 예수님께서는 성삼위일체의 하나님이십니다. 하나님이신 예수님은 기도가 필요 없는 분이시지만, 기도의 모범을 보여주셨습니다.

그리스도인은 말씀과 기도를 통해 더욱 성숙하게 됩니다(딤전 4:5).

① 경건의 훈련을 위해

중생한 그리스도인은 연약한 믿음에 머물러서는 안 됩니다. 우리는 믿음의 장성한 분량에 이르러야 합니다. 경건의 훈련과 영적 성장은 기도 없이 이루어질 수 없습니다.

딤전 4:5 | 하나님의 말씀과 기도로 거룩하여짐이라

성경은 몸의 건강을 위해 단련하는 육체의 연단은 약간의 유익이 있지만, 영적인 성장을 위한 경건의 훈련은 범사에 유익이 있으며, 이 세상뿐만 아니라 내생에 약속이 있다고 말씀합니다.

딤전 4:8 | 육체의 연단은 약간의 유익이 있으나 경건은 범사에 유익하
니 금생과 내생에 약속이 있느니라

기도로 날마다 성령님의 도우심을 구할 때 영적 성장을 이룰 수 있습니다.

② 믿음의 장성한 분량에 이르기 위해

예수님께서는 우리가 항상 기도에 정진하여 믿음의 장성한 분량에 이르기를 원하십니다. 아이가 태어났으면 자라야 하듯이 우리의 믿음도 날

마다 새롭게 자라가야 합니다.

> 엡 4:13-14 | 우리가 다 하나님의 아들을 믿는 것과 아는 일에 하나가
> 되어 온전한 사람을 이루어 그리스도의 장성한 분량이 충만한 데까지
> 이르리니 이는 우리가 이제부터 어린 아이가 되지 아니하여 사람의 속
> 임수와 간사한 유혹에 빠져 온갖 교훈의 풍조에 밀려 요동하지 않게 하
> 려 함이라

우리는 기도로 영적인 성장을 이루어 하나님을 기쁘시게 하는 그리스도의 사람으로 성장해가야 합니다. 영적인 성장은 성령의 도우심이 없이는 일어날 수 없습니다. 기도는 자신의 것을 비우고 그리스도로 채우는 것입니다. 옛 사람의 모습을 버리고 그리스도의 사람으로 새롭게 되기 위해 기도가 생활화되어야 합니다.

③ 더 겸손해지기 위해

공부나 운동, 기술 연마 등의 자기계발을 하면 할수록 우리는 더 탁월한 능력을 갖게 됩니다. 그러나 기도는 이러한 자기계발과는 다른 차원의 것입니다. 기도를 하면 할수록 더 낮아지고, 우리가 아무것도 아님을 깨닫게 됩니다. 그리고 하나님만이 유일하시고 위대하시다는 것을 알게 되고, 하나님의 역사가 우리의 삶에 이루어지기를 소망하게 됩니다. 기도를 통해 우리는 이전보다 더욱더 겸손한 영성을 소유하여, 하나님께 우리의 삶을 맡길 수 있습니다.

잠 18:12 | 사람의 마음의 교만은 멸망의 선봉이요 겸손은 존귀의 길잡

이니라

④ 하나님이 살아계심을 믿기 위해

하나님은 보이지 않습니다. 그런데 우리가 기도할 때, 보이지 않는 하
나님이 마치 보이는 것처럼 믿어지게 됩니다. 비록 눈에는 보이지 않지만
우리 안에 살아 역사하시며, 이 땅을 주관하시는 하나님을 믿는 믿음이
생기게 됩니다. 기도는 우리로 하여금 살아계신 하나님을 믿는 믿음으로
충만하게 해줍니다.

골 1:15-16 | 그는 보이지 아니하는 하나님의 형상이시요 모든 피조물보

다 먼저 나신 이시니 만물이 그에게서 창조되되 하늘과 땅에서 보이는

것들과 보이지 않는 것들과 혹은 왕권들이나 주권들이나 통치자들이나

권세들이나 만물이 다 그로 말미암고 그를 위하여 창조되었고

(5) 문제의 해결을 위해

기도하지 않으면 우리는 자꾸 세상의 방법으로 문제를 해결하려고 합
니다. 그러나 궁극적인 문제의 해결 방법은 하나님께 있습니다. 기도는
문제를 풀어내는 만능열쇠입니다.

마 18:18 | 진실로 너희에게 이르노니 무엇이든지 너희가 땅에서 매면 하늘에서도 매일 것이요 무엇이든지 땅에서 풀면 하늘에서도 풀리리라

문제의 실타래는 우리의 힘으로 풀려고 하면, 더욱 힘든 상황으로 발전합니다. 우리의 할 일은 하나님께 아뢰고 맡기는 일입니다. 우리의 모든 인간적인 노력을 멈추고 하나님 앞에 나아가 문제를 해결해달라고 간구할 때 하나님께서 풀어주십니다.

시 121:1-2 | 내가 산을 향하여 눈을 들리라 나의 도움이 어디서 올까 나의 도움은 천지를 지으신 여호와(야훼)에게서로다

우리가 무릎을 꿇고 기도하는 그 시점이 우리의 문제가 해결되는 시점입니다. 겸손히 우리의 모든 문제를 하나님께 기도로 맡겨야 합니다.

E. M. 바운즈 목사님은 기도의 능력에 대해 이와 같은 말씀을 했습니다. "우리 삶의 수준은 기도의 골방의 수준에 비례한다. 삶의 활력을 끌어올리는 것은 오직 기도의 골방의 열기이다. 계속 기도하지 않으면 삶은 영하로 떨어져버릴 것이다. 기도는 우리가 할 수 있는 가장 큰 일이다. 진정한 기도는 가장 큰 영향력을 영속적으로 끼치지만, 미약한 기도는 그 영향력이 지속적으로 줄어든다."

기도해도 응답이 오지 않는 경우가 있습니다.

1. 우리가 정욕으로 구할 때 하나님께서 기도에 응답하지 않습니다. 타인을 고려하지 않고 자신의 이익만 추구하면서 욕심을 가지고 기도하면 하나님께서 응답하지 않습니다.
2. 하나님께서는 하나님의 말씀에 순종하지 않고 거역하면서 자신의 의와 공로를 드러내려하는 사람의 기도에 응답하지 않습니다.
3. 하나님께서는 가족은 물론 이웃과 불화하고 다투고 미워하면서 용서하지 않는 사람의 기도에는 응답하지 않습니다.

묵상

1. 우리의 기도 가운데 이기심이나 의심, 불신앙의 요소가 없는지 살펴봅시다.
2. 우리의 기도가 하나님의 영광을 위해서인지 아니면 자신의 의를 드러내기 위해서인지를 생각해봅시다.
3. 우리의 가정과 우리 자신을 위한 기도에 용서의 문제, 미움의 문제로 인한 막힘이 있는지 생각해봅시다.

적용

1. 당신의 기도에서 이기심과 탐욕의 동기를 벗어버리고 하나님의 나라와 의를 위해 기도합시다.
2. 당신의 기도가 하나님의 말씀에 어긋남이 있는지 살펴보고 자신이 죄인임을 인정하고 겸손한 마음으로 나아갑시다.
3. 가족과 불화, 이웃과 다툼이 있다면 먼저 용서와 화해를 통해 관계를 회복합시다.

기도의 대상
Prayer, the Passage to Grace

사실 기도는 그리스도인만의 특권은 아닙니다. 타 종교인들도 그들 나름 대로 기도를 드리고 가르칩니다. 그러나 그들의 기도와 그리스도인들의 기도는 근본적으로 다릅니다. 왜냐하면 기도의 대상이 다르기 때문입니다. 타 종교인들의 기도는 하나님에 의해 창조된 피조물들에게 드리는 것이지만, 그리스도인들의 기도는 천지를 지으시고 주관하시는 삼위일체 하나님께 드리는 것입니다.

그리스도인들의 기도는 썩어 없어질 헛된 우상에게 하는 기도와는 비교조차 할 수 없습니다. 우리의 모든 필요와 우리가 나아가야 할 길을 아시는 아버지 하나님, 우리와 같이 사람이 되시고 십자가에서 죽기까지 우리를 사랑하신 예수님, 우리가 마땅히 기도할 바를 알지 못할 때 우리의 기도를 도우시는 성령님께 하는 것입니다.

1) 하나님

기도의 첫 번째 대상은 바로 하나님이십니다. 왜냐하면 기도의 모범을 보이신 예수님께서 기도에 관한 말씀을 가르치실 때 항상 기도의 대상으로 아버지 하나님을 언급하셨기 때문입니다.

> 마 6:6 | 너는 기도할 때에 네 골방에 들어가 문을 닫고 은밀한 중에 계신 네 아버지께 기도하라 은밀한 중에 보시는 네 아버지께서 갚으시리라

> 마 6:9 | 그러므로 너희는 이렇게 기도하라 하늘에 계신 우리 아버지여 이름이 거룩히 여김을 받으시오며

왜 우리는 하나님을 기도의 대상으로 삼고 기도해야 할까요? 하나님은 어떤 분이시기에 우리의 기도 대상이 되실까요?

(1) 천지를 지으신 전능하신 하나님

① 세상을 지으신 하나님

물건을 최초로 만든 사람이 그 물건에 대해서 제일 잘 압니다. 물건이 어디가 고장이 났는지 어디에 문제가 있는지 최초의 발명자만큼 그것을

잘 아는 사람은 없을 것입니다. 그렇다면 세상과 사람들과 관련된 일들에 있어서는 누가 가장 잘 알고 있을까요? 바로 하나님입니다. 왜냐하면 하나님께서 이 세상을 만드시고 우리를 만드신 분이시기 때문입니다.

> 히 3:4 | 집마다 지은 이가 있으니 만물을 지으신 이는 하나님이시라

세상 만물의 주인으로서 세상의 모든 것을 주관하시는 하나님은 자신의 피조물인 성도들의 문제를 가장 잘 이해하실 수 있는 분이십니다. 또한 세상과 거기에 충만한 모든 것들을 통치하시고, 문제 해결의 열쇠가 되는 분이십니다.

> 시 24:1 | 땅과 거기에 충만한 것과 세계와 그 가운데에 사는 자들은 다
> 여호와(야훼)의 것이로다

② 전능하신 하나님

천지를 만드신 하나님은 전능하신 하나님이십니다. 전능하심 (omnipotence)은 천지를 창조하신 하나님의 제일가는 속성입니다. 우리가 하나님께 기도를 드리는 이유도 바로 하나님의 전능하심 때문입니다. 예레미야 선지자는 예레미야 32장 17절에서 천지를 지으신 하나님에게는 할 수 없는 일이 없다고 고백합니다.

> 렘 32:17 | 슬프도소이다 주 여호와(야훼)여 주께서 큰 능력과 펴신 팔로

천지를 지으셨사오니 주에게는 할 수 없는 일이 없으시니이다

하나님은 큰 능력의 펴신 팔로 천지를 지으신 분이십니다. 또한 하나님의 말씀에는 능력이 있어서 하나님께서 말씀만 하시면 만물은 순종하여 그 모습을 드러냅니다. 이는 자신에게 능치 못함이 없다고 말씀하신 하나님의 말씀과도 일치합니다.

렘 32:27 | 나는 여호와(야훼)요 모든 육체의 하나님이라 내게 할 수 없는 일이 있겠느냐

전능하신 하나님은 모든 것을 하실 수 있는 분입니다. 특히 전능하신 하나님은 인간에게 축복을 주실 수 있는 분입니다. 그래서 이삭은 창세기 28장 3-4절에서 전능하신 하나님이 아들 야곱에게 복을 주시기를 기도합니다.

창 28:3-4 | 전능하신 하나님이 네게 복을 주시어 네가 생육하고 번성하게 하여 네가 여러 족속을 이루게 하시고 아브라함에게 허락하신 복을 네게 주시되 너와 너와 함께 네 자손에게도 주사 하나님이 아브라함에게 주신 땅 곧 네가 거류하는 땅을 네가 차지하게 하시기를 원하노라

야곱을 축복하는 이삭의 기도와 응답은 천지를 창조하신 전능하신 하나님께 축복의 능력도 있음을 분명하게 보여줍니다.

창 35:9 | 야곱이 밧단아람에서 돌아오매 하나님이 다시 야곱에게 나타
나사 그에게 복을 주시고

우리에게 문제가 생기면 과연 누구에게 기도하는 것이 현명할까요? 바
로 모든 것을 할 수 있으신 전능하신 하나님께 기도해야 합니다. 따라서
세상의 우상에게 기도하는 것은 미련한 행동입니다. 왜냐하면 그들은 신
이 아니요 사람의 손으로 만든 나무와 돌들이기 때문입니다(왕하 19:18).

따라서 하나님께 기도로 나아가는 자들은 하나님께서 기도에 응답하
시고 문제를 해결해주실 수 있는 능력이 있음을 믿어야 합니다. 이러한
믿음을 통한 기도가 하나님을 기쁘시게 해드릴 수 있으며, 응답의 상을
받을 수 있습니다.

히 11:6 | 믿음이 없이는 하나님을 기쁘시게 하지 못하나니 하나님께 나
아가는 자는 반드시 그가 계신 것과 또한 그가 자기를 찾는 자들에게 상
주시는 이심을 믿어야 할지니라

(2) 소통하시는 하나님

① 부르시고 말씀하시는 하나님

하나님께 기도드리는 두 번째 이유는 하나님이 우리와 친밀하게 소통
하기를 원하시기 때문입니다. 장 칼뱅은 이것을 우리가 하나님과 더불어

주고받는 '친밀한 대화', 또는 '하나님과의 교제'라고 하였습니다.

출 33:11 | 사람이 자기의 친구와 이야기함 같이 여호와(야훼)께서는 모세와 대면하여 말씀하시며 모세는 진으로 돌아오나 눈의 아들 젊은 수종자 여호수아는 회막을 떠나지 아니하니라

하나님께서 우리와 친밀한 대화를 원하시는 것은 그만큼 관심이 우리에게 있다는 것을 의미합니다. 그렇습니다. 하나님은 우리에게 관심을 가지고 계십니다. 하나님은 우리에게 일어나고 있는 일에 대하여 우리가 어떻게 느끼고 어떻게 생각하는지 대화를 나눔과 동시에 하나님의 뜻을 말씀해주시기 위해 우리를 부르고 계십니다.

② 들으시고 응답하시는 하나님

하나님은 우리의 간구를 들으시고 응답하시는 하나님이십니다. 우리가 기도를 통하여 하나님께 대화를 요청하면 기꺼이 받아주십니다. 왜냐하면 하나님은 인간과의 소통을 중요하게 생각하시기 때문입니다. 하나님은 대화에 있어서 수동적인 분이 아닙니다. 오히려 하나님은 적극적으로 기도를 통하여 대화를 요청하라고 말씀하십니다.

렘 29:12-13 | 너희가 내게 부르짖으며 내게 와서 기도하면 내가 너희들의 기도를 들을 것이요 너희가 온 마음으로 나를 구하면 나를 찾을 것이요 나를 만나리라

하나님은 우리가 하나님께 부르짖고 기도하면 그 기도를 들으신다고 말씀하십니다. 하나님께서 들으시는 기도에 특별한 조건이 있는 것은 아닙니다. 우리가 기도할 때 어떤 것은 들으시고, 어떤 것은 듣지 않겠다고 말씀하지 않으셨습니다. 단지 부르짖기만 하면, 오직 기도하기만 하면 들으시겠다고 말씀하셨습니다. 왜냐하면 하나님께서 중요하게 여기시는 것은 우리의 기도 제목이 아니라, 기도 자체이기 때문입니다.

> 대상 16:11 | 여호와(야훼)와 그의 능력을 구할지어다 항상 그의 얼굴을 찾을지어다

우리의 기도가 어떠한 방법으로, 언제 응답이 될 것인지는 염려하지 말고 먼저 하나님께 부르짖어야 합니다. 왜냐하면 부르짖음은 우리에게 있고, 응답은 하나님께 있기 때문입니다. 하나님은 우리가 상상하지도 못하고 경험해보지도 못한 크고 놀라운 일로 우리의 기도에 응답하실 준비가 되어있으십니다.

(3) 역사하시는 하나님

① 구원으로 역사하시는 하나님

우리가 하나님께 기도를 드리는 이유는 우리의 기도를 받으시는 하나님이 구원으로 역사하시기 때문입니다. 하나님은 이스라엘 백성을 잡아

죽이기 위해 홍해까지 뒤쫓아 온 이집트 군대로부터 전능하신 능력으로 이스라엘을 구원하셨습니다. 그래서 이스라엘은 여호와(야훼) 하나님의 이름을 높이며 다음과 같이 구원의 하나님을 찬양합니다.

> 출 15:1 | 이 때에 모세와 이스라엘 자손이 이 노래로 여호와(야훼)께 노래하니 일렀으되 내가 여호와(야훼)를 찬송하리니 그는 높고 영화로우심이요 말과 그 탄 자를 바다에 던지셨음이로다

하나님은 이 홍해의 사건을 통하여 자신을 구원의 하나님으로 계시하셨습니다. 하나님은 자기 백성의 고난을 외면하지 않으십니다. 우리가 믿고 섬기는 하나님은 구원으로 역사하십니다. 그러므로 우리는 세상의 다른 우상이 아닌 하나님만을 따라야 할 것입니다.

> 시 118:21 | 주께서 내게 응답하시고 나의 구원이 되셨으니 내가 주께 감사하리이다

우리의 기도를 들으시는 하나님께 나오십시오. 구원으로 응답하시는 하나님께 부르짖으십시오. 응답의 하나님께서 반드시 구원으로 역사하시고, 우리의 하나님 되심을 알게 하실 것입니다.

② 치료로 역사하시는 하나님

출 15:26 | 이르시되 너희가 너희 하나님 나 여호와(야훼)의 말을 들어 순종하고 내가 보기에 의를 행하며 내 계명에 귀를 기울이며 내 모든 규례를 지키면 내가 애굽 사람에게 내린 모든 질병 중 하나도 너희에게 내리지 아니하리니 나는 너희를 치료하는 여호와(야훼)임이라

역사하시는 하나님을 말할 때 우리는 치료하시는 하나님을 빼놓을 수 없습니다. 왜냐하면 하나님은 자신을 치료하는 여호와(야훼)라고 말씀하셨기 때문입니다. 성경에는 기도를 통하여 병을 고친 사건이 많이 나옵니다. 그것을 처음으로 경험한 사람이 바로 아브라함입니다.

창 20:17 | 아브라함이 하나님께 기도하매 하나님이 아비멜렉과 그의 아내와 여종을 치료하사 출산하게 하셨으니

아브라함은 아비멜렉과 그의 아내와 여종을 위해 하나님께 기도합니다. 그러자 하나님은 아브라함의 기도를 들으시고 아비멜렉과 그의 아내와 여종을 치료하사 그들로 출산하게 역사하셨습니다. 기도는 옛날이나 오늘날이나 동일하게 하나님의 치료하심을 경험하는 통로입니다.

야고보서는 병든 자가 있다면 주의 이름으로 기도하라고 말씀합니다. 그 이유가 무엇일까요? 그것은 우리의 여호와(야훼) 하나님이 믿음의 기도에 응답하시는 하나님이시요, 치료로 구원을 베푸시는 하나님이시기 때문입니다.

약 5:14-16 | 너희 중에 병든 자가 있느냐 그는 교회의 장로들을 청할 것이요 그들은 주의 이름으로 기름을 바르며 그를 위하여 기도할지니라 믿음의 기도는 병든 자를 구원하리니 주께서 그를 일으키시리라 혹시 죄를 범하였을지라도 사하심을 받으리라 그러므로 너희 죄를 서로 고백하며 병이 낫기를 위하여 서로 기도하라 의인의 간구는 역사하는 힘이 큼이니라

고속도로에 자동차 한 대가 고장이 난 채로 서있었습니다. 어느 노인이 고장이 난 차 곁으로 다가가서 어디가 고장이 났느냐고 물었습니다. 고장이 난 차의 운전자는 아무리 여기저기를 살펴보아도 어디가 잘못되었는지 시동이 걸리지 않는다고 말했다. 이때 한 노인이 "제가 좀 도와드릴까요?"라고 물었습니다. 그러자 그때 젊은이는 비웃으며
"저는 1급 정비사입니다. 1급 정비사가 고치지 못하는 것을 어르신이 고칠 수 있겠습니까?"라고 대꾸하였습니다. 그래도 노인은 자기가 한번 살펴보겠다고 말하면서 여기저기 살펴보면서 망치를 가지고 엔진 한 곳을 두들기면서 잘못된 선 하나를 바로 잡은 후 젊은이에게 웃으며 시동을 걸어보라고 하였습니다.

젊은이는 시동이 걸릴 리가 없다고 하며 시동을 걸었습니다. 그런데 시동이 제대로 걸렸습니다. 젊은이는 노인에게 정중하게 인사를 하며 도대체 누구시기에 1급 정비사가 하지 못하는 것을 하셨느냐고 물었습니다. 이때 노인은 껄껄 웃으며 말했습니다. "제가 이 자동차를 만든 헨리 포드요."

기도는 우리를 만드신 하나님께 우리를 맡기는 것입니다.

하나님께 기도드리는 이유는 다음과 같습니다.

1. 하나님은 천지를 만드시고 그 안의 모든 만물을 만드신 창조주이시며, 전능하신 능력의 하나님이시기 때문입니다.
2. 하나님은 우리의 기도를 들으시고, 응답하시며 우리를 만나주시는 소통의 하나님이시기 때문입니다.
3. 우리의 기도에 응답하시는 하나님은 구원과 치료를 베푸시는 능력의 하나님이시기 때문입니다.

묵상

1. 나는 어떤 하나님을 기대하며 기도하고 있는지 생각해봅시다.
2. 시편 118편 21절에서 시편 기자는 응답하시고, 구원하시는 하나님을 찬양하고 있습니다. 우리는 어떤 하나님을 찬양하고 있습니까?
3. 하나님으로부터 응답을 받기 위해서 우리는 무엇을 해야 하는지 생각해봅시다(렘 33:3).

적용

1. 천지를 지으신 하나님은 못하시는 것이 없으신 분이심을 믿으며 기도해봅시다.
2. 오늘 하루에 있었던 중요한 일들을 하나님께 말씀드리는 시간을 가져봅시다.
3. 내일의 일정을 하나님께 말씀드리고 하나님의 도움을 구하는 기도를 드립시다.

2) 예수님

우리의 기도의 두 번째 대상은 바로 예수님이십니다. 예수님은 우리의 기도의 근거와 통로가 되어주시고, 예수님의 이름에는 대단한 능력이 있습니다. 그리고 예수님은 우리에게 기도의 모범을 보여주셨습니다.

(1) 기도의 통로가 되시는 예수님

① 중보자 되시는 예수님

예수님이 기도의 통로가 되신다는 말은 우리가 기도할 때에 우리의 공로를 의지하는 것이 아니라 오직 예수님을 의지하면서 기도해야 한다는 것을 의미합니다. 왜냐하면 오직 예수님만이 하나님께 나아가는 유일한 길이기 때문입니다. 예수님께서도 자신을 그렇게 소개하고 있습니다.

> 요 14:6 | 예수께서 이르시되 내가 곧 길이요 진리요 생명이니 나로 말
> 미암지 않고는 아버지께로 올 자가 없느니라

우리가 예수님을 기도의 대상으로 삼는 것은 예수님만이 우리의 중보자가 되시기 때문입니다. 우리 인간은 하나님을 직접 대면할 수 없습니다. 왜냐하면 우리의 죄가 하나님과 우리의 사이를 갈라놓았기 때문입니다(사 59:2). 그렇기에 어떠한 특단의 조치 없이는 하나님께로 나아갈 길

이 원천적으로 막혀있습니다. 그러나 하나님의 크신 은혜로 절망적인 상태의 인간들에게 예수 그리스도라는 희망의 빛이 비취었습니다. 예수님은 하나님과 인간 사이의 막힌 담을 허무셨으며 동시에 하나님께로 나아가는 길을 마련하셨습니다. 마치 건널 수 없었던 절벽과 절벽 사이를 연결하는 다리와 같은 역할을 예수님께서 하신 것입니다.

> 딤전 2:5 | 하나님은 한 분이시요 또 하나님과 사람 사이에 중보자도 한 분이시니 곧 사람이신 그리스도 예수라

② 대언자 되시는 예수님

또한 예수님은 하나님과 인간을 연결시켜주시는 중재자이실 뿐만 아니라, 하나님 앞에서 우리들을 위해 대언해주시는 대언자이십니다.

> 요일 2:1 | 나의 자녀들아 내가 이것을 너희에게 씀은 너희로 죄를 범하지 않게 하려 함이라 만일 누가 죄를 범하여도 아버지 앞에서 우리에게 대언자가 있으니 곧 의로우신 예수 그리스도시라

대언자를 의미하는 헬라어 '파라클레토스'는 본래 재판장에서 의뢰인을 여러 가지 공격들로부터 막아주고 지켜주는 '변호사'를 의미하는 단어입니다. 변호사는 의뢰인의 약한 부분이 어디인지 너무나도 잘 알고 있습니다. 마찬가지로 예수님께서는 우리의 대언자로서 우리의 약점이 무엇인지 잘 알고 계십니다. 왜냐하면 예수님도 우리와 똑같이 육신을 입으

시고 시험을 받아보셨기 때문입니다. 우리의 사정을 잘 알고 계신 예수님께서 우리의 대언자가 되어주신다는 사실이 얼마나 놀라운 일인지 모릅니다. 이처럼 우리의 연약함을 알고 계실 뿐만 아니라, 우리를 온전히 이해하시고, 아버지 하나님 앞에서 우리를 변호해주신다는 사실 하나만으로도 예수님은 우리의 기도를 받으시기에 합당하신 분이십니다.

(2) 이름에 권세가 있으신 예수님

① 능력을 행하는 권세

우리가 예수님을 기도의 대상으로 삼는 두 번째 이유는 예수님의 이름에 권세가 있기 때문입니다. 그렇다면 예수님께는 어떤 권세가 있으실까요?

> 마 4:23-24 | 예수께서 온 갈릴리에 두루 다니사 그들의 회당에서 가르치시며 천국 복음을 전파하시며 백성 중의 모든 병과 모든 약한 것을 고치시니 그의 소문이 온 수리아에 퍼진지라 사람들이 모든 앓는 자 곧 각종 병에 걸려서 고통 당하는 자, 귀신 들린 자, 간질하는 자, 중풍병자들을 데려오니 그들을 고치시더라

예수님께는 능력을 행하시는 권세가 있으십니다. 마태복음 4장 23-24절은 예수님의 사역을 일목요연하게 정리한 말씀으로 예수님께서는 병에 걸려 고통당하는 자, 귀신 들린 자, 간질병에 걸린 자, 중풍병자 등을 고

치셨다고 증거하고 있습니다.

성경이 증언하는 한 가지 놀라운 사실은 예수님의 이름으로 기도하는 사람들도 이와 동일한 능력을 경험했다는 사실입니다. 예수님의 이름으로 기도한다는 것은 예수님의 권세를 의지하여 기도한다는 뜻입니다.

행 3:6-8 | 베드로가 이르되 은과 금은 내게 없거니와 내게 있는 이것을 네게 주노니 나사렛 예수 그리스도의 이름으로 일어나 걸으라 하고 오른손을 잡아 일으키니 발과 발목이 곧 힘을 얻고 뛰어 서서 걸으며 그들과 함께 성전으로 들어가면서 걷기도 하고 뛰기도 하며 하나님을 찬송하니

예수님의 이름에는 능력의 권세가 있기 때문에 그 이름으로 기도하면 치유의 능력이 나타납니다. 따라서 어제나 오늘이나 영원토록 권세가 있으신 예수님의 이름으로 우리는 매일매일 삶 속에서 기도해야 합니다.

요 14:13 | 너희가 내 이름으로 무엇을 구하든지 내가 행하리니 이는 아버지로 하여금 아들로 말미암아 영광을 받으시게 하려 함이라

예수님의 이름에 권세가 있는 이유는 우리가 예수님의 이름을 의지하여 기도하면 능력의 주님이신 예수님께서 그것을 친히 시행하시기 때문입니다. 이러한 믿음 위에서 능력의 역사가 일어납니다.

그런데 한 가지 기억해야 할 것이 있습니다. 예수님의 이름을 의지하여

선포한다고 그것이 무조건 이루어지는 것은 아닙니다. 하나님의 뜻에 맞는 선포만이 응답될 수 있음을 기억해야 합니다. 그러므로 예수님의 이름을 의지하여 기도할 때는 담대함과 분별력을 균형 있게 가져야 합니다.

② 하나님의 자녀가 되는 권세

> 요 1:12-13 | 영접하는 자 곧 그 이름을 믿는 자들에게는 하나님의 자녀가 되는 권세를 주셨으니 이는 혈통으로나 육정으로나 사람의 뜻으로 나지 아니하고 오직 하나님께로부터 난 자들이니라

예수님의 이름에는 하나님의 자녀가 되는 권세가 있습니다. 왜냐하면 예수의 이름을 영접하는 자마다 하나님의 자녀가 되는 권세를 얻기 때문입니다. 예수님의 이름을 믿는 자들은 하나님의 사랑을 받는 자녀가 되고, 하나님 자녀로서의 권세를 누릴 수 있게 됩니다.

예수님의 이름을 믿는 자는 이제 죄인으로 하나님 앞에 서는 것이 아닙니다. 예수님의 이름을 믿으면 하나님의 자녀가 되어 자식들이 아버지 앞에서 말하는 것처럼 됩니다. 죄인이었을 때에는 하나님 앞에 무서워하는 마음으로 서야 했지만, 예수님의 이름을 믿은 후에는 그럴 필요가 없습니다. 그러므로 예수님을 영접한 사람의 기도는 더 이상 종의 기도가 아니라 예수님의 이름의 권세로 말미암아 우리의 기도는 주인과 종의 대화가 아니라, 아버지와 자녀의 대화가 됩니다. 하나님의 자녀가 되어 예수님의 이름을 부르기 바랍니다. 하나님의 자녀의 권세를 사용하기 바랍니다.

(3) 기도의 본이 되신 예수님

① 우선순위의 본을 보이신 예수님

예수님은 하나님과 동등하신 분이시지만 자기를 비워 사람의 모양으로 자기를 낮추시며 기도가 무엇이며, 기도를 어떻게 하는 것인지를 우리들에게 보이셨습니다. 예수님의 삶은 기도의 삶이었습니다.

> 눅 5:16; 참조, 막 1:35 | 예수는 물러가사 한적한 곳에서 기도하시니라

예수님은 어느 것으로부터도 방해받지 않기 위해 한적한 곳에서 하나님과 대화를 나누셨습니다. 기도는 예수님의 삶에서 최고의 우선순위였습니다. 하나님의 아들이셨던 예수님께서 아버지를 위한 사역을 수행하셨음에도 불구하고 기도를 미루거나 게을리하지 않으셨습니다.

> 눅 5:15-16 | 예수의 소문이 더욱 퍼지매 수많은 무리가 말씀도 듣고 자기 병도 고침을 받고자 하여 모여 오되 예수는 물러가사 한적한 곳에서 기도하시니라

예수님에 대한 소문이 퍼지자 수많은 무리들이 예수님의 말씀을 듣고 병도 고침받기 위해 모여들었습니다. 그때에 예수님은 오히려 한적한 곳으로 몸을 옮기시고 기도하기 시작하셨습니다. 병자들의 병을 고치시는 일보다 기도를 더 우선하셨습니다.

막 9:29 | 이르시되 기도 외에 다른 것으로는 이런 종류가 나갈 수 없느니라 하시니라

예수님께서 고통받는 병자들을 치유하는 것보다 기도의 시간을 먼저 가지셨던 것은 기도 외에는 능력이 나타날 수 없기 때문입니다. 우리가 사역을 하는 것도 중요하지만 그보다 더 중요한 것은 하나님께 먼저 기도함으로 능력을 구하는 것입니다.

② 권능의 본이 되신 예수님

마 10:1 | 예수께서 그의 열두 제자를 부르사 더러운 귀신을 쫓아내며 모든 병과 모든 약한 것을 고치는 권능을 주시니라

예수님은 기도의 본을 보이셨을 뿐만 아니라, 능력의 본도 보이셨습니다. 병을 고치시고, 귀신을 쫓아냈던 모습을 지켜보았던 이들에게도 동일한 능력을 행할 수 있는 권능을 주셨습니다. 예수님께서 제자들에게 권능을 주시자 제자들도 예수님과 동일하게 병을 고치고 귀신을 쫓을 수 있었습니다.

눅 9:6 | 제자들이 나가 각 마을에 두루 다니며 곳곳에 복음을 전하며 병을 고치더라

예수님이 우리의 기도의 대상이 되시는 것은 바로 예수님이 우리에게 권능을 주시는 분이시기 때문입니다. 예수님을 의지하는 자들은 예수님께서 행하신 일을 행할 뿐만 아니라, 더 나아가 그보다 큰일도 할 수 있습니다.

요 14:12 | 내가 진실로 진실로 너희에게 이르노니 나를 믿는 자는 내가 하는 일을 그도 할 것이요 또한 그보다 큰 일도 하리니 이는 내가 아버지께로 감이라

예수님을 의지하여 기도하는 자들이 더 큰일을 행할 수 있는 이유는 예수님께서 아버지께로 가서서 우리의 기도를 도우시기 때문입니다. 겟세마네 동산에서 천사가 예수님의 기도를 도왔던 것처럼 예수님께서도 아버지 하나님 옆에서 우리의 기도에 힘을 더해주시는 분이십니다. 권능의 본이 되시고 권능을 주시며 우리의 기도를 도우시는 예수님을 의지하시기 바랍니다.

'기도의 힘'이란 제목으로 국민일보에 보도된 기사입니다(2001년 1월 4일 자). 포천중문의대 차광렬 박사와 미국 컬럼비아 의과대학 로저리오 로보 박사는 1998년부터 1999년까지 서울 차병원에서 불임치료를 받은 199명의 여성들을 대상으로 불임치료에 대한 공동 연구를 진행했습니다.

두 박사는 환자들 가운데 절반에게 기도 제목 카드를 나눠주면서 그들의 이름과 상황을 적게 했습니다. 그리고 그 카드는 그들을 위해 기도할 성도들에게 전했습니다. 환자들에겐 그들을 위해 누군가가 기도하고 있다는 사실을 알리지 않았습니다. 그런데 아주 흥미로운 연구 결과가 나왔습니다. 중보기도를 받은 환자들이 중보기도를 받지 않은 환자들에 비해 임신율이 두 배나 높게 나온 것입니다.

공동 연구자인 로보 박사는 믿기 힘든 결과에 대해 무엇을 해야 할지 몰랐습니다. 그러나 연구의 결과였기 때문에 박사는 그 결과를 발표했고 학계에는 일대 파문이 일어났습니다. 비록 해당 여성들은 누가 자신을 위해서 기도해줬는지 몰랐지만 불임을 극복할 수 있었습니다. 이는 하나님께 드리는 기도가 치료의 기적을 만들어낸다는 사실을 증명하는 것입니다. 주님께 기도하면 하나님의 축복이 임하고 치료가 임한다는 사실을 잊지 말아야 하겠습니다.

예수님의 이름으로 기도드리는 이유

1. 예수님은 중보자와 대언자로서 하나님께로 나아가는 통로가 되시기 때문입니다.
2. 예수님의 이름에는 능력을 행하는 권세와 하나님의 자녀가 되는 권세가 있기 때문입니다.
3. 예수님은 능력이 있는 기도의 본이 되시기 때문입니다.

 묵상

1. 사역과 기도 중에서 예수님의 우선순위는 무엇인지와 그 이유를 생각해봅시다.
2. 우리를 대변하시고 변호해주시는 예수님을 나는 얼마나 믿고 신뢰합니까?
3. 예수님 시대에 비하여 오늘날 기도의 능력이 적게 나타나는 이유는 무엇일까요?

적용

1. 오늘 하루 예수님의 이름의 능력으로 승리할 수 있도록 기도합시다.
2. 큰 소리로 "예수님의 이름에는 능력이 있습니다."를 3번 외쳐봅시다.
3. 기도 노트와 응답 노트를 작성하여봅시다.

3) 성령님

성령님은 기도의 대상이라기보다는 우리의 기도를 돕고, 기도를 인도하시며 기도의 동력을 제공하는 분입니다.

(1) 기도를 도우시는 성령님

① 하나님의 깊은 것을 통달하시는 분

> 고전 2:10 | 오직 하나님이 성령으로 이것을 우리에게 보이셨으니 성령
> 은 모든 것 곧 하나님의 깊은 것까지도 통달하시느니라

성숙한 신앙을 가진 사람이라 할지라도 항상 올바른 기도를 드릴 수 있는 것이 아닙니다. 왜냐하면 우리는 영적으로 무지하고 연약한 존재들이기 때문입니다. 기도의 제목이 틀릴 수도 있고, 기도의 때를 놓칠 수도 있습니다. 인간은 하나님의 뜻을 완전히 이해할 수 없기 때문에 우리가 올바른 기도를 하기 위해서는 하나님의 깊은 것까지도 통달하시는 성령님을 의지해야 합니다.

② 기도의 교사이신 성령님

요 14:26 | 보혜사 곧 아버지께서 내 이름으로 보내실 성령 그가 너희에게 모든 것을 가르치고 내가 너희에게 말한 모든 것을 생각나게 하리라

진리의 영이요 보혜사이신 성령님을 의지하여 기도하면 하나님의 뜻에 합당한 기도를 드리게 됩니다. 성령님은 우리에게 필요한 모든 것을 가르치시는 영이요, 모든 것을 생각나게 하시는 영이십니다. 기도는 영적인 작업입니다. 따라서 성령의 가르치심과 도우심이 있어야 합니다. 교사가 되시는 성령님을 의지하시기 바랍니다. 성령의 도우심을 바라면서 기도하시기 바랍니다.

(2) 중보기도하시는 성령님

롬 8:26-27 | 이와 같이 성령도 우리의 연약함을 도우시나니 우리는 마땅히 기도할 바를 알지 못하나 오직 성령이 말할 수 없는 탄식으로 우리를 위하여 친히 간구하시느니라 마음을 살피시는 이가 성령의 생각을 아시나니 이는 성령이 하나님의 뜻대로 성도를 위하여 간구하심이니라

성도는 거듭난 이후에도 성령의 인도하심을 받아야 합니다. 아무리 중생한 성도라 할지라도 연약함을 지닌 인간은 하나님 앞에서 어리석은 존재일 뿐입니다. 따라서 성도는 하나님의 뜻대로 간구하시며 중보자 되신 성령님을 의지해야만 합니다. 성령님이 중보기도를 하신다는 것은 성

도를 대신하여 기도하신다는 뜻입니다. 그리스도께서 인간을 위하여 대속제물이 되심으로써 중보사역을 하신 것처럼 성령님은 성도의 기도하는 삶을 중보하시는 사역을 감당하십니다.

(3) 기도의 동력이신 성령님

① 능력 있는 기도의 동력이신 성령님

우리가 성령님을 의지하여 기도하는 이유는 성령님이 능력 있는 기도의 동력을 제공해주시기 때문입니다. 이를 위해서는 성령 안에서 기도해야 합니다. 성령 안에서 기도는 성령의 감동에 따라 드리는 기도를 의미하며, 성령의 도우심을 힘입어 기도하는 것을 말합니다. 다시 말해서 성령께 자신을 맡기면서 기도하는 것을 의미합니다.

이처럼 우리가 성령님을 의지하여 기도하면 능력 있는 기도를 할 수 있게 됩니다. 그 이유에 대해서 성경은 다음과 같이 말씀합니다.

> 약 5:16 | 그러므로 너희 죄를 서로 고백하며 병이 낫기를 위하여 서로
> 기도하라 의인의 간구는 역사하는 힘이 큼이니라

성령은 거룩한 영이시기 때문에 우리 안에서 더러운 것들을 몰아내고 우리의 마음을 정결하게 만들어주십니다. 빛이 충만한 곳에는 어두움이 자리 잡을 수 없듯이, 거룩하신 성령이 충만한 곳에는 죄악이 자리 잡을

수 없습니다. 따라서 성령충만한 사람은 의의 기도를 드릴 수 있습니다. 성령님을 의지하면 또한 확신의 기도를 드릴 수 있게 됩니다.

> 막 11:24 | 그러므로 내가 너희에게 말하노니 무엇이든지 기도하고 구하
> 는 것은 받은 줄로 믿으라 그리하면 너희에게 그대로 되리라

무엇이든지 기도하고 구하는 것은 받은 줄로 믿을 수 있기 위해서는 성령님의 역사가 있어야 합니다. 성령은 성도들에게 믿음을 주시는 영이시며 하나님의 뜻에 합당하게 기도하도록 우리를 주장하시기 때문입니다.

② 지속적인 기도의 동력이 되시는 성령님

> 엡 6:18 | 모든 기도와 간구를 하되 항상 성령 안에서 기도하고 이를 위
> 하여 깨어 구하기를 항상 힘쓰며 여러 성도를 위하여 구하라

성경은 쉬지 말고 기도하라고 말씀하십니다. 그런데 어떻게 해야 쉬지 않고 기도할 수 있을까요? 그것은 성령님께서 언제나 나와 함께하신다는 것을 의식하며 살아갈 때 가능합니다. 우리가 성령님의 임재를 사모할 때 하나님의 말씀이 우리 안에서 살아 역사하게 되고, 하나님의 뜻이 우리의 삶 가운데 이루어지고 무엇보다 기도의 자리를 열망하게 됩니다.

어떤 성도들은 말합니다. "목사님, 어떻게 기도해야 할지 모르겠어요. 기도하려고 노력해도 할 말이 떠오르지 않아요." 이에 대한 저의 대답은 이렇습니다. "그것이 기도입니다. 하나님께 어떻게 기도해야 할지 모르겠다고 말씀해보세요. 도와달라고 간구하세요. 그것이 기도입니다. 마음에 있는 모든 것을 하나님께 말씀하세요. 그렇게 기도를 시작하시면 됩니다."

아이가 생각하는 것을 부모에게 말할 때 문법과 단어 구조를 정확히 맞추어서 해야 한다면 부모와 아이의 대화는 매우 어색하고 부자연스러울 것입니다. 아이는 배가 고프면 "엄마, 배고파요. 먹을 것 좀 주세요."라고 당당하게 말합니다. 아이들은 돈이 필요하면 단순하게 말합니다. "엄마, 돈 필요해요." 그들은 유창한 말솜씨나 문법을 맞추기 위해 전혀 고민하지 않습니다. 하나님께 어린아이처럼 당당하게 나아가십시오. 하나님은 우리의 기도를 기쁘게 응답하시는 좋으신 하나님이십니다.

요약

P R A Y E R · T H E · P A S S A G E · T O · G R A C E

성령님을 의지하여 기도드리는 이유

1. 성령님은 우리가 마땅히 드려야 할 기도를 드릴 수 있도록 도우시는 분이시기 때문입니다(롬 8:26).
2. 성령님은 하나님의 깊은 것까지도 통달하셔서 하나님의 뜻대로 간구하시는 분이시기 때문입니다(고전 2:10).
3. 성령님은 예수님이 가르치신 모든 것을 가르쳐주시고, 생각나게 하시는 분이시기 때문입니다(요 14:26).

묵상

1. 성령님을 의지하는 기도란 무엇을 의미하는 것인지 생각해봅시다.
2. 성령님께서 우리를 위해 탄식하신다면 무엇 때문일지 생각해봅시다.
3. 성령님의 가르치심을 받기 원하는 것이 있다면 무엇입니까?

적용

1. 성령님께서 오늘도 인도해주시기를 사모하며 기도로 하루를 시작해봅시다.
2. 고민하고 있는 문제가 있다면 성령님의 가르치심을 간구하는 기도를 해봅시다.
3. 하나님의 뜻에 합당한 기도를 드릴 수 있도록 성령님의 도우심을 간구해봅시다.

3 CHAPTER

기도의 목적
Prayer, the Passage to Grace

단지 우리의 필요나 문제 해결을 위해서 하나님께 구하는 것이 기도의 목적이 되어서는 안 됩니다. 우리가 기도하는 가장 중요한 목적은 하나님과 대화를 통해 영적 교제를 나누며 하나님과 친밀한 관계를 형성해나가는 것입니다. 우리는 이와 같이 하나님과의 친밀한 영적 교제를 토대로, 우리의 영혼과 마음과 육신과 환경 가운데 말씀하시는 하나님의 뜻을 깨닫고 은사와 능력을 체험할 수 있습니다. 또한 우리가 기도하는 것은 죄에 대하여 죽고 의에 대하여 사는 삶, 곧 하나님이 원하시는 거룩한 삶을 살기 위함입니다. 이처럼 우리는 하나님과 교제하며 하나님의 능력을 구하고 거룩한 삶을 추구하면서 하나님의 응답을 체험하기 위하여 기도하는 것입니다.

1) 하나님과의 친밀한 관계 형성

우리는 기도를 통해 하나님과 만나 대화하며 친밀한 영적 교제를 형성하게 됩니다.

(1) 기도로 교통함

① 하나님과 인간의 대화

> 창 3:8 | 그들이 그 날 바람이 불 때 동산에 거니시는 여호와(야훼) 하나
> 님의 소리를 듣고 아담과 그의 아내가 여호와(야훼) 하나님의 낯을 피하
> 여 동산 나무 사이에 숨은지라

아담과 하와는 하나님과 함께 동산을 거닐며 대화를 나눌 수 있었습니다. 그러나 아담과 하와가 마귀의 유혹을 받아 죄를 짓고 타락한 후에는 하나님과의 만남이 두려워져서 하나님의 얼굴을 피했습니다. 죄를 지은 인간은 거룩하신 하나님 앞에 나아갈 수도 대면할 수도 없습니다. 인간이 하나님 앞에 나아가 하나님을 만나고 관계를 회복하는 길은 오직 예수 그리스도께서 십자가 대속을 통하여 내어놓으신 생명의 길뿐입니다.

② 영적 교제

> 출 33:9 | 모세가 회막에 들어갈 때에 구름 기둥이 내려 회막 문에 서며
> 여호와(야훼)께서 모세와 말씀하시니

하나님은 택하신 백성에게 말씀하시는 분이십니다. 오늘날 예수 그리스도 안에서 구원받은 모든 성도는 하나님과 대화를 나누며 하나님의 말씀을 듣는 영적 교제의 특권을 누릴 수 있습니다.

③ 하나님과의 만남

> 출 25:22 | 거기서 내가 너와 만나고 속죄소 위 곧 증거궤 위에 있는 두
> 그룹 사이에서 내가 이스라엘 자손을 위하여 네게 명령할 모든 일을 네
> 게 이르리라

하나님께서는 모세에게 성막을 짓고 그 속에 속죄소를 두어 하나님과 은혜를 나눌 수 있는 만남의 장소가 되게 하라고 명하셨습니다. 하나님과 기도로 교통하는 일은 하나님과의 만남이라고 말할 수 있습니다. 기도함으로써 우리는 하나님을 만나고, 하나님과 대화하며 영적 교제를 나누게 됩니다.

(2) 기도에 의해 하나님의 뜻을 깨달음

① 사명에 대한 확신

삿 6:36-37 | 기드온이 하나님께 여쭈되 주께서 이미 말씀하심 같이 내 손으로 이스라엘을 구원하시려거든 보소서 내가 양털 한 뭉치를 타작 마당에 두리니 만일 이슬이 양털에만 있고 주변 땅은 마르면 주께서 이미 말씀하심 같이 내 손으로 이스라엘을 구원하실 줄을 내가 알겠나이다 하였더니

우리도 기드온처럼 중대한 헌신이나 사명을 하나님께로 받았을 때 쉽게 결정하지 못하고 두려워하거나 망설일 수 있습니다. 우리가 기도로 하나님께 표적을 구하며 사명에 대한 확신을 구하면 하나님께서는 표적도 주시고 우리의 마음에 큰 확신과 용기를 더하여주십니다.

② 복음 증거

행 8:26 | 주의 사자가 빌립에게 말하여 이르되 일어나서 남쪽으로 향하여 예루살렘에서 가사로 내려가는 길까지 가라 하니 그 길은 광야라

우리가 하나님의 자녀로서 늘 기도로 하나님과 대화하며 교제하면 성령의 음성을 듣게 됩니다. 성령께서는 '선교의 영'으로서 우리가 복음을

전할 때 지혜를 주시고, 해야 할 말을 주시고, 능력을 부어주십니다.

③ 책망과 훈계

> 대상 21:7-8 | 하나님이 이 일을 악하게 여기사 이스라엘을 치시매 다윗
> 이 하나님께 아뢰되 내가 이 일을 행함으로 큰 죄를 범하였나이다 이제
> 간구하옵나니 종의 죄를 용서하여 주옵소서 내가 심히 미련하게 행하였
> 나이다 하니라

다윗은 평상시에 하나님을 사랑하고 의지하는 사람이었지만, 한순간 마음 가운데 교만이 들어와 하나님이 싫어하시는 일을 하였습니다. 이로 인해 하나님께서 이스라엘에 재앙을 내리시자 그는 곧바로 하나님께 회개, 자복하고 용서를 구하였습니다. 하나님께서는 기도를 통하여 자녀들이 잘못된 길로 갈 때 책망과 훈계를 하셔서 돌이키도록 자신의 뜻을 밝혀주십니다.

④ 결혼

> 창 24:12 | 그가 이르되 우리 주인 아브라함의 하나님 여호와(야훼)여 원
> 하건대 오늘 나에게 순조롭게 만나게 하사 내 주인 아브라함에게 은혜
> 를 베푸시옵소서

창세기 24장에 보면 아브라함이 노년에 아들 '이삭'의 결혼을 위하여 충직한 종을 자신의 고향에 보냈습니다. 아브라함의 종은 하나님께 이삭의 배필이 될 소녀를 순조롭게 만나게 해달라고 기도하면서 그녀의 인성과 성품까지도 상세하게 구했습니다. 하나님께서는 아브라함의 종이 기도한 내용과 일치하는 소녀를 만나게 해주셨습니다.

⑤ 진로

> 행 16:6-7 | 성령이 아시아에서 말씀을 전하지 못하게 하시거늘 그들이 브루기아와 갈라디아 땅으로 다녀가 무시아 앞에 이르러 비두니아로 가고자 애쓰되 예수의 영이 허락하지 아니하시는지라

바울은 누구보다도 복음 증거에 헌신한 사람이었으며, 당시에 목표로 했던 소아시아 선교를 행하고자 힘썼습니다. 그런데 하나님께서는 환상을 통해 바울이 마게도냐로 가도록 선교의 방향을 인도하셨습니다. 우리가 늘 하나님과 기도하며 교통할 때 우리가 행하고 있는 일의 올바른 방향이나 진로를 깨달을 수 있습니다.

2012년에 천국에 가신 강영우 박사님이 천국 가시기 얼마 전에 『내 눈에는 희망만 보였다』라는 책을 출간하셨습니다. 그 책에서 박사님은 어린 시절에 너무나 힘들고 고통스러운 일을 겪었다고 밝히고 있습니다. 중학교 3학년 때에 축구를 하다가 축구공에 눈을 세게 맞았는데 그것이 잘못되어서 그만 두 눈이 다 보이지 않게 되었습니다. 설상가상으로 그의 어머니도 이 일로 충격을 받고 돌아가셨고, 고등학생이던 누나도 눈 먼 동생을 돌보려고 학교도 중퇴하고 공장을 다니다가 과로로 2년 만에 세상을 떠났습니다. 어린 강영우에게는 절망밖에 없었습니다. 그런데 그의 누나가 죽기 전에 그를 불광동 천막교회에 데려갔습니다. 그곳에서 그는 예수님을 만났습니다. 비록 그는 육신의 눈을 뜨지는 못했지만 영의 눈을 뜰 수 있었습니다. 그때부터 그는 하나님께서 주신 꿈을 꾸기 시작했습니다. 그는 대학도 졸업하고 미국에 유학을 가서 교육학 박사 학위를 받았습니다.

부시 대통령 재임 때에는 백악관의 장애인 위원회 정책 차관보가 되어 7년 넘게 미국의 장애인을 섬길 수 있게 되었고, 또 세계 장애인 위원회 부회장 겸 루즈벨트 재단 고문으로 7억 명에 가까운 세계 장애인을 섬기는 귀한 일을 감당하게 되었습니다.

그리스도인은 하나님과 친밀한 관계를 갖기 위해 기도해야 합니다.

1. 기도는 하나님과 인간의 쌍방 대화입니다. 기도를 통하여 하나님을 인격적으로 만나고 하나님과의 영적 교제를 발전시킬 수 있습니다.
2. 하나님과 기도를 통해 영적 교제를 나눌 때 우리 삶의 다양한 측면에 대한 하나님의 뜻을 깨달을 수 있습니다. 기도할 때 하나님께서는 사명의 확신, 복음 증거, 진로 및 결혼 등에 대한 하나님의 뜻을 알려주십니다. 또한 책망과 훈계를 통해서 우리로 하여금 바른 길로 가게 하십니다.

1. 우리가 하나님과 친밀한 관계를 형성하고 발전시키는 데 있어, 기도는 어떤 역할을 할까요?
2. 하나님과 기도를 통해 대화한다고 할 때 기도는 어떤 것이 되어야 하는지 생각해봅시다.
3. 기도를 통해 깨달을 수 있는 하나님의 뜻은 어떤 것인지 생각해봅시다.

1. 당신의 기도를 '하나님과의 대화'로서 말하고 듣는 쌍방 커뮤니케이션으로 발전시켜봅시다.
2. 당신의 삶의 중요한 결정을 놓고 기도를 통해 주님의 인도하심을 발견해봅시다.
3. 당신의 삶 속에서 하나님의 가르침과 훈계를 찾아봅시다.

2) 하나님의 능력 체험

우리가 예수님 안에서 하나님과 대화하며 친밀한 영적 교제를 가지면 영혼과 육신과 삶 속에서 하나님의 능력을 체험하게 됩니다.

(1) 성령의 은사 체험

① 방언의 은사

> 고전 14:2 | 방언을 말하는 자는 사람에게 하지 아니하고 하나님께 하나
> 니 이는 알아 듣는 자가 없고 영으로 비밀을 말함이라

하나님께서는 우리가 주님과 더욱 깊은 영적 대화를 할 수 있도록 방언을 주십니다. 방언으로 기도하게 되면 오랜 시간 기도할 수 있을 뿐 아니라 내 마음으로는 알 수 없지만 내 영혼의 비밀 언어로 하나님께 깊은 기도를 드릴 수 있게 됩니다.

② 방언 통역의 은사

> 고전 14:13 | 그러므로 방언을 말하는 자는 통역하기를 기도할지니

방언은 '영으로 비밀을 말하는 것'이므로 인간의 지식으로는 그 내용을 알 수 없고 성령의 역사를 통하여 알려집니다. 하나님께서는 방언 통역을 통해 하나님의 뜻과 예비하신 축복, 나아갈 길에 대한 인도하심을 알려주시고 때로는 특별한 메시지를 주기도 하십니다.

③ 신유의 은사

막 16:17-18 | 믿는 자들에게는 이런 표적이 따르리니 곧 그들이 내 이름으로 귀신을 쫓아내며 새 방언을 말하며 뱀을 집어올리며 무슨 독을 마실지라도 해를 받지 아니하며 병든 사람에게 손을 얹은즉 나으리라 하시더라

하나님께서는 사랑하는 자녀들이 병 고침을 위해 간절히 기도할 때 치료의 은혜를 베풀어주십니다. 성경은 우리에게 치유를 위해 서로 기도하라고 권고하고 있으며 하나님 앞에서 거리낌이 없이 간구할 때 '역사하는 힘이 크다'고 말씀하고 있습니다(약 5:16).

신유는 해도 되고 안 해도 되는 것이 아닙니다. 인간은 본래 건강한 몸을 가지고 창조되었으나, 아담의 범죄 이후 인간에게 질병이 들어온 것입니다. 그러므로 우리가 건강해지는 것은 단순히 질병에서 낫는 것을 넘어서 창조의 질서를 회복하는 것입니다. 하나님께서 우리의 영, 혼, 육 모두가 강건하기를 원하십니다.

④ 영분별의 은사

> 마 16:22-23 | 베드로가 예수를 붙들고 항변하여 이르되 주여 그리 마
> 옵소서 이 일이 결코 주께 미치지 아니하리이다 예수께서 돌이키시며
> 베드로에게 이르시되 사탄아 내 뒤로 물러 가라 너는 나를 넘어지게 하
> 는 자로다 네가 하나님의 일을 생각하지 아니하고 도리어 사람의 일을
> 생각하는도다 하시고

하나님께서 우리의 기도를 통하여 영분별의 은사를 주시면 진리와 거
짓을 구별하는 통찰력이 생깁니다. 영분별의 은사는 사람의 속마음이나
숨겨진 죄까지 꿰뚫어 보는 직관력을 내포합니다.

⑤ 믿음의 은사

> 마 17:20 | 이르시되 너희 믿음이 작은 까닭이니라 진실로 너희에게 이
> 르노니 만일 너희에게 믿음이 겨자씨 한 알 만큼만 있어도 이 산을 명하
> 여 여기서 저기로 옮겨지라 하면 옮겨질 것이요 또 너희가 못할 것이 없
> 으리라

우리가 어떤 일을 놓고 기도할 때 도저히 인간의 이성으로는 이해할 수
없지만 태산처럼 흔들리지 않는 믿음이 꽉 들어찰 때가 있습니다. 하나
님께서는 늘 하나님과 가까이 교제하며 기도하는 사람에게 믿음의 은사

를 주셔서 하나님의 능력을 체험하게 하십니다.

⑥ 예언의 은사

> 롬 12:6 | 우리에게 주신 은혜대로 받은 은사가 각각 다르니 혹 예언이
> 면 믿음의 분수대로

하나님께서는 당신과 친밀하게 교제하는 사람에게 회개와 위로, 안위의 메시지를 개인적으로 주실 뿐만 아니라 공동체를 위해 헌신하게 하십니다. 하나님께서는 기도하는 사람들 가운데 교회에 덕을 세우고 성도들에게 유익을 주기 위해서 예언의 은사를 주기도 하십니다.

하나님께서는 이외에도 성경에 나타난 많은 은사들을 기도하는 사람들을 통하여 나타내기를 원하십니다(고전 12:8-10, 28-30; 롬 12:3-8; 엡 4:7-11).

(2) 능력 체험

① 기적을 체험함

> 요 6:9-11 | 여기 한 아이가 있어 보리떡 다섯 개와 물고기 두 마리를 가
> 지고 있나이다 그러나 그것이 이 많은 사람에게 얼마나 되겠사옵나이까
> 예수께서 이르시되 이 사람들로 앉게 하라 하시니 그 곳에 잔디가 많은

지라 사람들이 앉으니 수가 오천 명쯤 되더라 예수께서 떡을 가져 축사
하신 후에 앉아 있는 자들에게 나눠 주시고 물고기도 그렇게 그들의 원
대로 주시니라

우리가 생활의 문제로 하나님의 도우심을 바라보고 간절히 기도하면
하나님께서 우리의 삶 속에 오병이어의 기적을 베풀어주십니다. 먼저 주
님을 구하고 바라보는 사람에게 주님께서는 일용할 양식과 삶의 다양한
문제를 해결해주시는 것입니다.

② 영적 치유

> 마 9:22 | 예수께서 돌이켜 그를 보시며 이르시되 딸아 안심하라 네 믿
> 음이 너를 구원하였다 하시니 여자가 그 즉시 구원을 받으니라

예수님께서는 병든 자를 치료하실 때 항상 그들의 죄를 용서하시고
'구원'을 선포하셨습니다. 마음의 병도, 육신의 병도 죄의 문제를 해결받
고 영적 치유가 일어날 때 동시적으로 치유받는 것입니다.

③ 마음의 치유

> 마 6:14-15 | 너희가 사람의 잘못을 용서하면 너희 하늘 아버지께서도
> 너희 잘못을 용서하시려니와 너희가 사람의 잘못을 용서하지 아니하면

너희 아버지께서도 너희 잘못을 용서하지 아니하시리라

오늘날에는 수많은 사람들이 마음에 병이 들어 고통받고 있습니다. 마음의 병을 치료하는 가장 근본적인 방법은 자신과 타인에 대한 용서입니다. 우리의 기도 가운데 주님께서는 '용서'라는 처방약을 주시고 이를 통해 우리의 마음을 치료하십니다.

④ 신체적 치유

마 9:35 │ 예수께서 모든 도시와 마을에 두루 다니사 그들의 회당에서 가르치시며 천국 복음을 전파하시며 모든 병과 모든 약한 것을 고치시니라

우리가 육신의 연약함과 질병으로 인해 주님께 기도하고 간구하면 주님께서 치료해주시는 역사를 체험할 수 있습니다. 때로는 의사의 도움과 더불어 신속한 회복의 은혜를 주시고, 때로는 성령님을 통한 기적적인 치료의 손길로 우리의 약함을 치유해주십니다.

조엘 소넨버그의 책 『세상에서 가장 아름다운 사람, 조엘』을 보면 그는 두 살쯤 고속도로에서 연쇄 추돌사고로 인해 전신 3도의 화상을 입었습니다. 의사들은 생존확률이 10%라고 하며 고개를 절레절레 저었지만 50여 차례의 수술 끝에 결국 살아났습니다. 그러나 온몸에 흉한 화상 흉터가 생겼고, 얼굴에는 눈과 코만 남았습니다. 손가락, 발가락도 사라졌습니다. 그때 그는 예수님을 만났습니다. 그리고 담대한 믿음의 사람이 되었습니다. 몸에 장애가 있음에도 운동도 열심히 했습니다. 그리고 대학을 졸업한 다음 신학교에 들어가서 석사과정을 마친 후, 전 세계를 다니며 희망을 전하는 희망의 대사가 되었습니다. 그는 자기에게 사고를 내고 도망간 트럭 운전사가 체포되어 재판정에 섰을 때 그 사람을 용서했습니다. 그는 이렇게 말했습니다. "저는 증오심으로 인생을 허비하지 않을 것입니다. 증오는 또 다른 고통을 낳습니다. 대신 저는 하나님의 은혜 안에 있는 무한한 사랑에 감싸여 살아갈 것입니다. 저는 가해자를 용서합니다. 그리고 제 외모에 대해 손가락질하는 모든 사람들을 기쁨으로 용서합니다."

그리스도인은 하나님의 능력을 체험하기 위해 기도해야 합니다.

1. 하나님께서는 우리가 주님과 기도를 통하여 친밀한 교제를 가질 때 성령의 은사를 주십니다. 하나님께서는 방언을 비롯한 각종 은사를 통하여 하나님과의 영적 교통을 가지며 지체들을 돕게 하십니다.

2. 우리가 기도할 때, 하나님께서는 우리의 영혼과 마음과 삶 속에서 기적과 치유를 베풀어주십니다. 우리 영혼의 죄의 문제가 해결되어 구원의 은혜가 임하고 기쁨과 평안이 넘치게 됩니다. 육신의 연약함과 질병, 마음의 상처로 인하여 기도할 때 치유와 건강을 주십니다. 생활의 문제를 놓고 기도할 때 기적을 베풀어주십니다.

1. 당신은 예수님 안에서 하나님과 친밀한 영적 교제를 나누고 있습니까? 그 같은 영적 교제 가운데 당신이 체험하게 될 하나님의 능력이 무엇인지 생각해봅시다.

2. 당신이 하나님과의 영적 교제를 이루어나갈 때 방언이나 방언 통역과 같은 은사는 어떤 역할을 하게 될까요?

3. 당신이 하나님과의 친밀한 영적 교제를 가질 때 당신의 영혼과 마음과 삶 속에 어떤 결과가 있는지 생각해봅시다.

적용

1. 당신이 체험하기 원하는 성령의 은사를 기도를 통해 구하고 체험해봅시다.

2. 당신의 삶 속에서 하나님의 기적을 필요로 하는 영역이 있습니까? 하나님의 기적을 체험하기 위해 기도해봅시다.

3. '용서'의 문제를 놓고 마음의 치유와 회복을 위해 하나님께 간구합시다.

3) 그리스도인의 거룩한 삶

이 세상에서 가장 변화시키기 어려운 것이 바로 사람의 마음입니다. 그런데 기도의 효과 중 가장 중요한 것이 바로 '변화'입니다. 기도는 그토록 변화되기 힘들다는 사람의 마음까지 변화시킬 수 있는 능력이 있습니다. 기도할 때 우리는 거룩한 하나님의 사람으로 변화될 수 있습니다.

(1) 구별된 삶

① 경건치 않은 것들로부터 떠남

> 딛 2:11-12 | 모든 사람에게 구원을 주시는 하나님의 은혜가 나타나 우리를 양육하시되 경건하지 않은 것과 이 세상 정욕을 다 버리고 신중함과 의로움과 경건함으로 이 세상에 살고

'경건치 않은 것들'이란 우리의 삶 속에서 하나님의 말씀과 계명에 반대되는 모든 것을 의미합니다. 우리는 이 세상에서 살아가는 동안 하나님의 뜻에 반하는 세상의 풍조나 죄악 된 삶의 방식을 따르지 말아야 합니다.

② 이 세상 정욕을 포기함

골 3:5 | 그러므로 땅에 있는 지체를 죽이라 곧 음란과 부정과 사욕과
악한 정욕과 탐심이니 탐심은 우상 숭배니라

아무리 노력해도 우리는 마음속 깊은 곳에서 뿜어져 나오는 정욕을 막을 수 없습니다. 오로지 기도할 때만이 우리는 정욕에서 비롯된 악한 몸의 행실들을 제어하고 거부할 수 있는 능력을 얻게 됩니다. 하나님께서는 기도하는 사람의 심령에서 죄를 몰아내고 성령으로 충만하게 해주십니다.

③ 죄를 벗어버림

골 3:8-10 | 이제는 너희가 이 모든 것을 벗어 버리라 곧 분함과 노여움
과 악의와 비방과 너희 입의 부끄러운 말이라 너희가 서로 거짓말을 하
지 말라 옛 사람과 그 행위를 벗어 버리고 새 사람을 입었으니 이는 자기
를 창조하신 이의 형상을 따라 지식에까지 새롭게 하심을 입은 자니라

우리 스스로의 힘으로는 죄를 벗어버리는 일을 감당할 수 없습니다. 우리는 기도를 통하여 임하는 하나님의 능력으로 죄를 벗어버리고 말과 생각과 행동에 이르는 모든 부분에서 예수님의 형상을 닮아나가게 되는 것입니다.

(2) 하나님의 뜻 가운데 사는 삶

① 하나님의 말씀에 순종

디후 3:16-17 | 모든 성경은 하나님의 감동으로 된 것으로 교훈과 책망
과 바르게 함과 의로 교육하기에 유익하니 이는 하나님의 사람으로 온
전하게 하며 모든 선한 일을 행할 능력을 갖추게 하려 함이라

거룩한 삶은 하나님의 말씀에 대한 순종에서 시작합니다. 하나님께서
는 말씀을 통하여 당신의 거룩하고 의로운 뜻을 나타내십니다. 성경은
우리가 어떻게 의로운 삶을 살 수 있는지에 대해 가르쳐줍니다.

② 예수님을 바라봄

골 3:1-2 | 그러므로 너희가 그리스도와 함께 다시 살리심을 받았으면
위의 것을 찾으라 거기는 그리스도께서 하나님 우편에 앉아 계시느니라
위의 것을 생각하고 땅의 것을 생각하지 말라

예수님을 바라보려면 이 땅과 세상을 바라보아서는 안 됩니다. 이 세
상의 쾌락, 명예, 지위, 부를 추구하는 것이 아니라 자신을 부인하고 이
웃을 생각하는 겸손한 삶, 사랑과 자기희생의 삶을 살아가야 합니다.

③ 성령으로 행함

> 갈 5:22-23 | 오직 성령의 열매는 사랑과 희락과 화평과 오래 참음과 자
> 비와 양선과 충성과 온유와 절제니 이같은 것을 금지할 법이 없느니라

늘 기도하면 성령의 은혜 가운데 거하게 되고 성령의 능력을 받아 열매를 맺게 됩니다. 성령을 따라 성령의 은혜로 열매 맺는 삶은 하나님의 뜻을 이루는 삶입니다. 성령의 열매의 특성들은 예수 그리스도의 성품의 특징들을 나타내는 것이기 때문입니다.

(3) 성령충만한 삶

① 기쁨이 넘침

> 행 5:41 | 사도들은 그 이름을 위하여 능욕 받는 일에 합당한 자로 여기
> 심을 기뻐하면서 공회 앞을 떠나니라

성령충만을 받은 특징 중의 하나는 기쁨이 충만해진다는 것입니다. 그런데 이 기쁨은 세상에서 얻는 쾌락과 유희로 인한 만족에서 오는 기쁨이 아닙니다. 고난과 환난 가운데서도 하나님께서 함께하심으로 인한 존재적인 기쁨을 말합니다.

② 담대함과 용기

> 행 9:28-29 | 사울이 제자들과 함께 있어 예루살렘에 출입하며 또 주
> 예수의 이름으로 담대히 말하고 헬라파 유대인들과 함께 말하며 변론하
> 니 그 사람들이 죽이려고 힘쓰거늘

사도 바울은 다메섹으로 가는 길에 예수님을 만나 회개하고 성령충만
을 받은 뒤에 생명의 위협을 두려워하지 않고 주 예수를 증거하는 복음
전도자가 되었습니다. 우리가 성령충만을 받으면 담대한 믿음과 용기가
생겨나 죽음도 두려워하지 않고 그리스도의 복음을 증거할 수 있게 됩니
다.

③ 성도 간의 영적 교제가 깊어짐

> 행 2:46-47 | 날마다 마음을 같이하여 성전에 모이기를 힘쓰고 집에서
> 떡을 떼며 기쁨과 순전한 마음으로 음식을 먹고 하나님을 찬미하며 또
> 온 백성에게 칭송을 받으니 주께서 구원 받는 사람을 날마다 더하게 하
> 시니라

오순절 성령충만의 은혜를 체험한 초대교회의 성도들은 성령 안에서
한마음이 되어 물질적으로, 영적으로 서로 섬기며 하나님을 예배했습니
다. 성령충만을 받으면 우리의 마음이 하나가 되어 성도 간에 서로 섬기

며 하나님을 예배하게 됩니다.

④ 하나님께 대한 찬양이 끊이지 않음

엡 5:18-20 | 술 취하지 말라 이는 방탕한 것이니 오직 성령으로 충만함을 받으라 시와 찬송과 신령한 노래들로 서로 화답하며 너희의 마음으로 주께 노래하며 찬송하며 범사에 우리 주 예수 그리스도의 이름으로 항상 아버지 하나님께 감사하며

성령충만의 가장 큰 특징은 하나님에 대한 찬양이 끊이지 않는다는 것입니다. 성령충만 받은 성도는 영혼에 감사 찬양이 넘쳐나서 하나님을 높이고 예배하게 됩니다.

20세기 초 인도에서 대부흥이 일어났을 때, 라마바이(Pandita Ramabai)라고 하는 23살 된 과부가 있었습니다. 그녀는 원래 힌두교도였다가 1898년 기독교 부흥집회에서 예수님을 영접하고 성령충만을 받아 변화되었습니다. 그녀는 가난하고 천대받는 2천여 명의 과부들과 고아들을 모아서 묵티 공동체를 시작했습니다. 이 공동체는 늘 성령충만을 받기 위해 함께 기도하였습니다. "주여 이곳에도 성령으로 충만케 하여주시옵소서." 마침내, 1905년 6월 29일 성령이 임하면서 큰 부흥의 역사가 나타났습니다. 다음과 같은 기록이 있습니다.

"죄에 대한 통회가 강력하게 나타나 그곳에 있던 부인들과 소녀들이 모두 흐느끼며 죄를 자백하고 성령을 덧입기 위해 기도했습니다. 집회마다 천둥을 치듯 기도의 함성과 물결이 넘쳐났습니다. 그 부흥은 11개월이 지났는데도 계속되어, 매일 기쁨으로 드리는 찬양의 소리가 끊이지 않았습니다. 이 묵티 공동체 학생들 700명 가운데 매일 60명씩 조를 짜서 인근 마을에 가서 복음을 전하자 이 부흥의 불길이 온 인도 지역으로 퍼져나가게 되었습니다. 묵티 소녀 기도단을 통한 회개와 부흥은 곧 주변의 교회와 학교, 고아원들로 확산되어 인도 전역뿐만 아니라 영국에까지 퍼져나갔습니다."

성령으로 충만하여 말씀을 전할 때 능력이 나타나게 되고, 하나님의 권능이 임하게 되고, 성령으로 충만하여 복음을 전할 때 목숨까지 바쳐 주님을 전할 수 있는 복음의 증인으로 변화되는 것입니다.

PRAYER·THE·PASSAGE·TO·GRACE

그리스도인은 거룩한 삶을 살기 위해 기도해야 합니다.

1. 성도는 이 세상 사람들과 구별된 삶을 살아야 합니다. 그것은 이 세상의 정욕을 포기하고, 죄를 벗어버리고, 모든 경건치 않은 것들로부터 떠나는 것을 의미합니다.
2. 하나님의 뜻 가운데 살아가야 합니다. 이것은 하나님의 말씀에 대한 순종에서 시작되며, 예수님을 바라보고 성령의 인도를 따라 열매 맺는 삶을 사는 것입니다.
3. 성령충만한 삶을 살아야 합니다. 성령충만한 삶을 살게 되면 마음에 기쁨이 넘치고, 하나님을 찬양하게 되고, 복음 증거에 대한 열정과 담대함이 넘쳐납니다. 또한 성령 안에서 성도들이 한마음이 되어 긴밀한 영적 교제를 나누게 됩니다.

1. '구별된 삶을 산다'는 것은 당신에게 어떤 의미인지 생각해봅시다.
2. 하나님의 뜻대로 살기 위해 '예수님을 바라본다'라는 것은 무엇을 의미할까요?
3. 성령충만과 성도 간의 영적 교제가 깊어지는 것은 어떤 관계가 있는지 생각해봅시다.

적용

1. 당신이 구별된 삶을 살기 위해 포기해야 할 것, 버려야 할 죄를 발견해봅시다.
2. 예수님을 바라보기 위해 당신이 해야 할 일은 무엇입니까?
3. 성령의 인도를 의지하고, 그리스도의 복음을 증거하는 일에 담대히 참여해보십시오.

4) 기도 응답의 체험

우리가 기도할 때 하나님께서는 말씀과 성령의 고요한 내적 음성, 또는 환경을 통하여 응답을 체험하게 하십니다.

(1) 말씀으로

① 축복의 약속

> 창 12:1-3 | 여호와(야훼)께서 아브람에게 이르시되 너는 너의 고향과 친척과 아버지의 집을 떠나 내가 네게 보여 줄 땅으로 가라 내가 너로 큰 민족을 이루고 네게 복을 주어 네 이름을 창대하게 하리니 너는 복이 될지라 너를 축복하는 자에게는 내가 복을 내리고 너를 저주하는 자에게는 내가 저주하리니 땅의 모든 족속이 너로 말미암아 복을 얻을 것이라 하신지라

우리가 기도를 통하여 하나님과 대화하며 친밀한 영적 교제를 나눌 때 하나님께서는 우리의 기도에 응답하십니다. 하나님께서는 아브라함에게 축복의 말씀을 주신 것처럼 말씀을 통하여 우리에게 축복의 약속을 주십니다.

② 위로

사 66:13 | 어머니가 자식을 위로함 같이 내가 너희를 위로할 것인즉 너희가 예루살렘에서 위로를 받으리니

하나님께서는 우리의 어려운 사정을 토로하며 기도할 때 말씀을 통하여 위로의 메시지를 주십니다. 마치 어머니가 자녀를 불쌍히 여기고 위로함같이 우리 영혼의 안식처가 되어주십니다.

③ 인도

시 119:105 | 주의 말씀은 내 발에 등이요 내 길에 빛이니이다

하나님께서는 우리가 선택의 기로에 있을 때, 또는 나아갈 방향을 알지 못할 때 말씀을 통하여 하나님의 뜻에 합당한 길을 택하고 나아가도록 이끌어주십니다.

④ 훈계

시 32:8 | 내가 네 갈 길을 가르쳐 보이고 너를 주목하여 훈계하리로다

하나님께서는 말씀을 통하여 우리가 잘못된 길로 가지 않고 바른 길로 나아가도록 가르치시고 훈계하여주십니다.

(2) 음성으로

① 들을 수 있는 음성

> 행 9:3-4 | 사울이 길을 가다가 다메섹에 가까이 이르더니 홀연히 하늘
> 로부터 빛이 그를 둘러 비추는지라 땅에 엎드러져 들으매 소리가 있어
> 이르시되 사울아 사울아 네가 어찌하여 나를 박해하느냐 하시거늘

성경에는 하나님께서 하나님의 종들에게 직접 음성을 들려주어 말씀
하시고 응답하시는 수많은 실례들이 나옵니다. 우리가 간절히 기도할
때 하나님께서는 때로 이렇게 응답하시기도 하는 것입니다.

② 고요한 내적 음성

> 왕상 19:11-12 | 여호와(야훼)께서 이르시되 너는 나가서 여호와(야훼) 앞
> 에서 산에 서라 하시더니 여호와(야훼)께서 지나가시는데 여호와(야훼)
> 앞에 크고 강한 바람이 산을 가르고 바위를 부수나 바람 가운데에 여호
> 와(야훼)께서 계시지 아니하며 바람 후에 지진이 있으나 지진 가운데에
> 도 여호와(야훼)께서 계시지 아니하며 또 지진 후에 불이 있으나 불 가

운데에도 여호와(야훼)께서 계시지 아니하더니 불 후에 세미한 소리가
있는지라

하나님께서는 우리의 기도 가운데 내주하시는 성령의 감동을 통하여
음성을 들려주십니다. 우리의 사정을 아뢰거나 질문을 드릴 때 하나님께
서는 성령의 감동하심을 통하여 고요한 내적 음성으로 응답하십니다.

(3) 환경으로

① 일의 자연스러운 진행

창 24:12 | 그가 이르되 우리 주인 아브라함의 하나님 여호와(야훼)여 원
하건대 오늘 나에게 순조롭게 만나게 하사 내 주인 아브라함에게 은혜
를 베푸시옵소서

하나님께서는 순조롭고 평안하게 일이 진행됨을 통하여 우리의 기도
에 응답하십니다.

② 돕는 사람

행 9:10-11 | 그 때에 다메섹에 아나니아라 하는 제자가 있더니 주께서

환상 중에 불러 이르시되 아나니아야 하시거늘 대답하되 주여 내가 여기 있나이다 하니 주께서 이르시되 일어나 직가라 하는 거리로 가서 유다의 집에서 다소 사람 사울이라 하는 사람을 찾으라 그가 기도하는 중이니라

우리가 어려움 가운데 주님을 바라보고 기도하면 하나님께서 우리를 도와줄 사람을 보내주십니다.

③ 환경의 역전

에 9:24-25 | 곧 아각 사람 함므다다의 아들 모든 유다인의 대적 하만이 유다인을 진멸하기를 꾀하고 부르 곧 제비를 뽑아 그들을 죽이고 멸하려 하였으나 에스더가 왕 앞에 나아감으로 말미암아 왕이 조서를 내려 하만이 유다인을 해하려던 악한 꾀를 그의 머리에 돌려보내어 하만과 그의 여러 아들을 나무에 달게 하였으므로

모든 일이 가망이 없을 정도로 불리하게 돌아가는 것처럼 보일 때라도 하나님께 기도하면 오히려 역전되어 승리하게 되는 역사가 일어납니다.

『동양의 파바로티 조용갑의 희망 오페라』를 쓴 조용갑 집사님은 '동양의 파바로티'라고 불릴 정도로 유명한 오페라 가수인데, 원래는 복싱 선수였습니다. 그는 전라남도 신안군 흑산면에 딸린 작은 섬 가거도에서 태어났습니다. 어릴 적 아버지가 늘 술과 도박에 빠져 걸핏하면 폭력을 휘둘러서 불우한 어린 시절을 보냈습니다. 중학교도 채 마치지 못하고 서울로 올라와 온갖 궂은일을 하다가 우연히 교회에 다니게 되었는데 그때부터 하나님은 그에게 빛과 희망이 되어주셨습니다. 어느 날, 그가 교회에서 찬양 인도를 하는데 목사님이 그의 목소리가 너무 아름다운 것을 보고 권투보다는 성악을 공부하는 것이 어떠냐고 제안했습니다. 이 말씀에 그는 새로운 꿈을 꾸게 되었지만 현실의 벽은 매우 높았습니다. 레슨비가 없어서 성악가들의 테이프를 사서 밤낮으로 들으며 연습을 하고 또 연습했습니다. 하나님께 유학의 길을 열어달라고 작정하며 전심으로 매달렸습니다. 결국 그의 기도를 들으신 하나님께서 그를 이탈리아의 산타체칠리아 음악원으로 인도하셨고 그곳에서 14년간 성악을 공부하게 해주셨습니다. 그는 이런 고백을 합니다. "예수님은 거친 파도 앞에 선 나에게 희망의 등대가 되어주셨어요. 드라마틱한 인생의 무대로 이끌어주셨죠. 이제 희망을 잃은 채 절망 속에 주저앉은 사람들에게 희망의 오페라를 전하고 싶어요."

기도 응답의 체험

1. 하나님께서는 말씀으로 우리의 기도에 응답하십니다. 말씀을 통해 축복의 약속을 주시고, 위로의 메시지를 주시고, 우리의 나아갈 방향을 가르쳐주십니다. 또한 우리가 바른 길로 나아가도록 훈계하십니다.

2. 하나님께서는 우리의 기도 가운데 성령의 감동을 통하여 음성을 들려주심으로 기도에 응답하십니다. 우리가 문제를 놓고 아뢰거나 질문할 때 성령의 고요한 내적 음성으로 응답해주십니다.

3. 하나님께서는 환경을 통하여 기도에 응답하십니다. 순조롭고 평안하게 일이 진행되게 하시고, 또 우리를 도와줄 사람을 보내십니다. 때로는 절망적인 상황인데 오히려 역전되어 승리하는 역사가 되게 하십니다.

1. 하나님께서는 어떠한 방식으로 우리의 기도에 응답하실까요?
2. 당신이 곤고할 때 하나님께서 말씀을 통해 어떤 위로를 주시는지 생각해봅시다.
3. 하나님께서 환경을 통해 응답하실 때 우리가 어떻게 깨달을 수 있는지 생각해봅시다.

1. 당신이 하나님의 말씀을 통해 체험한 응답을 나눠봅시다.
2. 당신이 기도할 때 어떤 성령의 내적 음성이 들려오는지 발견해봅시다.
3. 당신의 환경과 기도가 서로 일치하지 않을 때 어떻게 해야하는지 지혜를 구해봅시다.

기도의 종류와 자세

Prayer, the Passage to Grace

성경에는 많은 종류의 기도가 기록되어있습니다. 모든 기도가 삼위일체 하나님께 드리는 기도이지만 기도의 형태와 내용에는 차이가 있습니다. 구약과 신약의 기도에는 다른 점들이 있습니다. 예수님께서 이 세상에 오시기 전인 구약시대에는 예수님의 이름으로 기도하지 않았습니다. 그러나 예수님의 성육신 사건 이후 예수님의 이름으로 기도를 해야 합니다. 오순절 성령 강림 이후 기도를 위한 성령님의 도우심은 무엇보다 중요하게 되었습니다. 기도의 종류가 다양한 것은 기도를 하는 이유, 목적, 상황, 기도의 대상 등이 다양하기 때문입니다.

1) 기도의 종류

기도는 하나님과의 대화입니다. 대화에 정해진 틀이 없듯이 기도에도 정해진 틀은 없습니다. 그러나 성경을 보면 상황과 기도 제목에 따라 서로 다른 형태로 기도했다는 것을 알 수 있습니다.

(1) 개인기도

개인기도는 누구든지 원하기만 하면 할 수 있는 기도로 하나님과의 영적인 관계를 유지하는 비결이며, 생명력이 넘치는 신앙생활을 위해 반드시 필요합니다. 홀로 하나님 앞에 나아갈 때, 우리는 영적인 산소를 공급받게 됩니다.

예수님께서는 고된 사역 가운데서도 개인기도의 모범을 보여주셨습니다.

> 눅 5:16 | 예수는 물러가사 한적한 곳에서 기도하시니라

개인기도는 하나님과의 은밀한 대화가 가능하게 합니다. 개인기도는 남에게 자랑하거나 나타내려고 하는 기도가 아닙니다. 아무도 모르게 하나님과 자신만의 대화를 하는 것이 개인기도입니다.

> 마 6:6 | 너는 기도할 때에 네 골방에 들어가 문을 닫고 은밀한 중에

계신 네 아버지께 기도하라 은밀한 중에 보시는 네 아버지께서 갚으시
리라

많은 믿음의 위대한 선진들도 개인적인 기도생활에 충실했습니다. 어
떤 상황에서도 하나님과의 일대일 대화를 멈춰서는 안 됩니다. 다니엘은
죽음 앞에서도 하나님과의 대화를 멈추지 않았습니다.

단 6:10 | 다니엘이 이 조서에 왕의 도장이 찍힌 것을 알고도 자기 집에
돌아가서는 윗방에 올라가 예루살렘으로 향한 창문을 열고 전에 하던
대로 하루 세 번씩 무릎을 꿇고 기도하며 그의 하나님께 감사하였더라

개인기도에서 중요한 것은 자신이 정한 시간에 지속적으로 하나님과
깊은 영적인 교제를 이어가는 것입니다. 사도들과 제자들은 매일 시간을
정해놓고 기도했습니다.

행 3:1 | 제 구 시 기도 시간에 베드로와 요한이 성전에 올라갈새

매일 시간을 정해놓고 기도를 하는 것은 기도 훈련에 있어 아주 중요
한 일입니다. 아무리 바쁜 일이 있어도 정해진 시간에 하나님과 영적인
대화를 나눌 때 우리의 기도는 반드시 응답을 받게 됩니다.

(2) 합심기도

예수님께서는 "두세 사람이 내 이름으로 모인 곳에는 나도 그들 중에 있느니라"(마 18:20)라고 말씀하셨습니다. 성경은 한 사람의 기도보다는 여러 사람이 마음을 합하여 기도할 때 더욱 큰 능력이 나타난다고 말씀합니다.

> 마 18:19 | 진실로 다시 너희에게 이르노니 너희 중의 두 사람이 땅에서
> 합심하여 무엇이든지 구하면 하늘에 계신 내 아버지께서 그들을 위하여
> 이루게 하시리라

초대교회는 문제가 생길 때마다 다 함께 모여 기도했습니다. 그 결과 놀라운 성령의 임재와 축복을 받게 되었습니다. 오순절 날 성도들이 한 곳에 모여 열심히 부르짖을 때 성령님이 임했으며 각 사람이 성령의 충만함을 체험하게 되었습니다.

> 행 1:13-14 | 들어가 그들이 유하는 다락방으로 올라가니 베드로, 요한,
> 야고보, 안드레와 빌립, 도마와 바돌로매, 마태와 및 알패오의 아들 야
> 고보, 셀롯인 시몬, 야고보의 아들 유다가 다 거기 있어 여자들과 예수
> 의 어머니 마리아와 예수의 아우들과 더불어 마음을 같이하여 오로지
> 기도에 힘쓰더라

합심기도는 혼자 하는 기도가 아니라 공동체가 함께하는 기도입니다. 합심기도를 통해 다른 사람의 질병, 삶의 문제 등을 위해 기도할 수 있고 다른 사람에게 기도를 받을 수도 있게 됩니다. 혼자 기도할 때는 기도할 힘을 잃을 수도 있지만, 마음을 합하여 기도하면 기도의 승리를 보게 됩니다. 사무엘이 통치하던 시대의 이스라엘 공동체도 위기에 놓였을 때 미스바에서 합심으로 기도하며 이를 극복하였습니다.

> 삼상 7:5-6 | 사무엘이 이르되 온 이스라엘은 미스바로 모이라 내가 너희를 위하여 여호와(야훼)께 기도하리라 하매 그들이 미스바에 모여 물을 길어 여호와(야훼) 앞에 붓고 그 날 종일 금식하고 거기에서 이르되 우리가 여호와(야훼)께 범죄하였나이다 하니라 사무엘이 미스바에서 이스라엘 자손을 다스리니라

그러므로 교회는 항상 모이기에 힘쓰고 서로를 위해 마음을 합하여 기도해야 합니다. 두 사람이 땅에서 합심하여 무엇이든지 구하면 하늘에 계신 하나님께서 들으시고, 교회의 문제는 떠나가고, 성도들 개개인의 문제도 성령의 능력으로 해결을 받게 됩니다.

(3) 묵상기도

묵상기도는 침묵 가운데 기도를 하는 것입니다. 묵상기도의 특징 가

운데 하나는 자신의 기도 제목을 하나님께 아뢰는 것보다는 하나님의 세밀한 음성을 듣는 것입니다. 그리고 다른 사람을 의식하지 않고 하나님께 자신의 마음을 솔직히 털어놓는 것입니다. 사무엘의 어머니였던 한나의 기도가 묵상기도에 해당합니다.

> 삼상 1:12-13 | 그가 여호와(야훼)앞에 오래 기도하는 동안에 엘리가 그의 입을 주목한즉 한나가 속으로 말하매 입술만 움직이고 음성은 들리지 아니하므로 엘리는 그가 취한 줄로 생각한지라

묵상기도는 침묵의 기도이며 마음의 기도이기 때문에 다른 사람들이 무엇을 위해 기도하는지 알 수 없을 뿐만 아니라 하나님의 말씀을 생각하며 하나님의 뜻을 구하는 기도입니다. 또 다른 묵상기도의 특징은 느림과 집중입니다. 천천히 하나님의 말씀에 집중하며 묵상기도 할 때, 그 말씀이 우리 영혼 가운데 깊게 각인됩니다.

그러나 다른 종교에서 마음의 평안을 찾기 위해 행하는 참선과는 완전히 다른 것이므로 구별해야 합니다.

(4) 통성기도

통성기도는 묵상기도의 반대 개념을 가지고 있습니다. 통성기도는 속삭이듯 하는 기도가 아니라 하나님께 부르짖어 간구하는 것입니다.

시 77:1 | 내가 내 음성으로 하나님께 부르짖으리니 내 음성으로 하나님께 부르짖으면 내게 귀를 기울이시리로다

통성기도는 하나님께 적극적인 자세로 기도하는 것으로 여러 사람이 합심해서 기도할 때 주로 많이 사용됩니다. 통성기도는 다른 사람이 어떻게 생각할까 걱정을 하며 기도하는 것이 아닙니다. 주위의 시선을 걱정하며 기도하는 것이 아니라 담대히 우리의 필요를 하나님께 아뢰는 기도입니다. 통성기도는 기도자의 간절함을 잘 드러내는 기도이기도 합니다. 요나는 큰 위기가 닥쳤을 때 간절히 부르짖어 간구했습니다. 그 결과 고기 배 속에서 나와 하나님께서 주신 사명을 감당할 수 있었습니다.

욘 2:2 | 이르되 내가 받는 고난으로 말미암아 여호와(야훼)께 불러 아뢰었더니 주께서 내게 대답하셨고 내가 스올의 뱃속에서 부르짖었더니 주께서 내 음성을 들으셨나이다

(5) 중보기도

중보기도는 자신을 위한 기도가 아니라 다른 사람을 위한 기도입니다. 중보기도는 사랑이 없이는 할 수 없는 기도입니다. 중보기도를 통해 다른 사람의 문제가 해결되고, 다른 사람이 하나님의 기적을 체험하게 되는 것은 중보기도자의 기쁨이 됩니다. 중보기도의 힘과 능력은 성경

의 여러 곳에서 발견됩니다. 고대 근동에서 아이의 출산은 한 가정의 가장 중요한 문제였습니다. 하나님께서는 아브라함의 중보기도를 들으시고 아비멜렉의 가정의 문제를 해결해주셨습니다.

창 20:17 | 아브라함이 하나님께 기도하매 하나님이 아비멜렉과 그의 아내와 여종을 치료하사 출산하게 하셨으니

중보기도는 개인을 위한 기도만 있는 것이 아닙니다. 중보기도는 나라와 민족을 위한 기도도 있습니다. 사무엘 선지자는 이스라엘 민족 전체를 위한 중보기도의 모범을 보여주었습니다.

삼상 12:22-23 | 여호와(야훼)께서는 너희를 자기 백성으로 삼으신 것을 기뻐하셨으므로 여호와(야훼)께서는 그의 크신 이름을 위해서라도 자기 백성을 버리지 아니하실 것이요 나는 너희를 위하여 기도하기를 쉬는 죄를 여호와(야훼) 앞에 결단코 범하지 아니하고 선하고 의로운 길을 너희에게 가르칠 것인즉

다른 사람을 위해 기도하지 않는다면 우리의 기도는 이기적인 기도가 될 수밖에 없습니다. 자신을 위한 기도보다 다른 사람들을 위한 기도가 더욱 잘 응답되는 경험을 종종하게 됩니다. 왜냐하면 중보기도는 그리스도의 사랑을 실천하는 것이기 때문입니다. 예수님과 성령께서 우리를 위해 중보기도하고 계시기 때문에 우리도 다른 사람들을 위해 기도해야

합니다.

> 히 7:24-25 | 예수는 영원히 계시므로 그 제사장 직분도 갈리지 아니하
> 느니라 그러므로 자기를 힘입어 하나님께 나아가는 자들을 온전히 구
> 원하실 수 있으니 이는 그가 항상 살아 계셔서 그들을 위하여 간구하심
> 이라

(6) 금식기도

사람은 생존을 위해 음식을 먹어야 합니다. 금식을 하며 기도하는 것
은 삶의 모든 것을 하나님께 전적으로 맡기고 의지한다는 뜻입니다. 금
식기도를 통해 문제의 해결과 기적을 체험한 사례는 셀 수도 없이 많습니
다. 성경은 금식기도에 대해 이렇게 말씀하고 있습니다.

> 사 58:6 | 내가 기뻐하는 금식은 흉악의 결박을 풀어 주며 멍에의 줄을
> 끌러 주며 압제 당하는 자를 자유하게 하며 모든 멍에를 꺾는 것이 아니
> 겠느냐

금식기도는 간절한 마음을 담아서 드리는 기도입니다. 금식기도에는
능력이 있습니다. 그래서 귀신이 쫓겨 나가고 하나님의 큰 은혜를 체험하
는 통로가 됩니다. 다니엘은 절체절명의 위기에 놓였을 때 금식을 선포하

고 기도했습니다. 그 결과 하나님의 도움과 능력을 체험하게 되었습니다.

> 단 9:3 | 내가 금식하며 베옷을 입고 재를 덮어쓰고 주 하나님께 기도하
> 며 간구하기를 결심하고

예수님께서도 공생애를 시작하시기 전에 40일 동안 금식하셨고, 모세
도 시내 산에서 하나님께 십계명을 받을 때 40일 금식을 했습니다.

> 마 4:1-2 | 그 때에 예수께서 성령에게 이끌리어 마귀에게 시험을 받으
> 러 광야로 가사 사십 일을 밤낮으로 금식하신 후에 주리신지라

> 출 34:28 | 모세가 여호와(야훼)와 함께 사십 일 사십 야를 거기 있으면
> 서 떡도 먹지 아니하였고 물도 마시지 아니하였으며 여호와(야훼)께서는
> 언약의 말씀 곧 십계명을 그 판들에 기록하셨더라

바울과 바나바는 자신들의 전 삶을 바쳐 복음을 전하고 제자를 양육
하는 데 헌신했습니다. 그들은 언제나 제자들의 신앙이 복음 위에 굳건
히 세워져서, 모든 환난을 이기고 승리하는 신앙생활을 하기를 바랐습니
다. 성경은 바울과 바나바가 이를 이루기 위해 각 교회의 장로들과 함께
금식기도를 올렸다고 말씀합니다.

> 행 14:23 | 각 교회에서 장로들을 택하여 금식 기도 하며 그들이 믿는

주께 그들을 위탁하고

금식기도는 인간의 욕심과 본능을 이기는 기도이며 육체를 복종시켜 하나님 앞에서 우리를 철저하게 낮추는 기도입니다. 더 나아가 초대교회처럼 생명을 내어놓고 복음을 증거하는 데 있어 필수적으로 하나님께 능력을 구하는 기도이기도 했습니다.

(7) 새벽기도

새벽기도는 한국교회의 자랑입니다. 세계 어느 나라에서도 새벽기도가 한국처럼 기독교인들에게 보편화된 곳은 없습니다. 어떤 사람들은 새벽기도가 한국에서 시작된 기도라고 생각하기도 합니다. 그러나 새벽기도는 성경에 많이 언급되어있습니다. 밤과 낮을 가리지 않고 기도하셨던 예수님께서는 새벽에도 기도의 모범을 보여주셨습니다.

막 1:35 | 새벽 아직도 밝기 전에 예수께서 일어나 나가 한적한 곳으로 가사 거기서 기도하시더니

새벽기도는 신약성경뿐만 아니라 구약성경에 많이 나타나는 기도의 종류입니다. 구약성경에서는 새벽에 역사하시는 하나님에 대해 기록하고 있습니다.

출 14:24-25 | 새벽에 여호와(야훼)께서 불과 구름 기둥 가운데서 애굽 군대를 보시고 애굽 군대를 어지럽게 하시며 그들의 병거 바퀴를 벗겨서 달리기가 어렵게 하시니 애굽 사람들이 이르되 이스라엘 앞에서 우리가 도망하자 여호와(야훼)가 그들을 위하여 싸워 애굽 사람들을 치는도다

철옹성과 같았던 여리고 성도 여호수아와 이스라엘 백성이 새벽에 하나님을 의지하고 나아갔을 때 무너져 내렸습니다.

수 6:15-16 | 일곱째 날 새벽에 그들이 일찍이 일어나서 전과 같은 방식으로 그 성을 일곱 번 도니 그 성을 일곱 번 돌기는 그 날뿐이었더라 일곱 번째에 제사장들이 나팔을 불 때에 여호수아가 백성에게 이르되 외치라 여호와(야훼)께서 너희에게 이 성을 주셨느니라

시편 기자도 새벽에 역사하시는 하나님에 대해 이렇게 고백하고 있습니다.

시 46:5 | 하나님이 그 성 중에 계시매 성이 흔들리지 아니할 것이라 새벽에 하나님이 도우시리로다

시 57:7-8 | 하나님이여 내 마음이 확정되었고 내 마음이 확정되었사오니 내가 노래하고 내가 찬송하리이다 내 영광아 깰지어다 비파야, 수금

아, 깰지어다 내가 새벽을 깨우리로다

새벽은 하루 중 가장 조용한 시간입니다. 그러므로 새벽기도를 드릴 때 우리는 방해를 받지 않고 주님께 우리의 마음을 집중할 수 있으며, 하나님과 더욱더 친밀한 대화가 가능합니다. 우리에게 새 힘을 주시는 하나님과 하루를 열 때, 우리의 삶에 큰 능력이 임하고, 생기가 넘치게 될 것입니다.

하나님께 크게 쓰임받은 인물들 중 많은 사람들이 새벽을 깨워 하나님과 하루를 시작한 사람입니다. 우리가 새벽을 깨울 때, 하나님의 지혜와 능력이 우리와 함께할 것입니다.

농부는 씨를 뿌려야 수확을 합니다. 하루의 삶도 새벽기도라는 영적인 씨를 뿌려야 하루의 삶에서 수확을 거둘 수 있습니다. 새벽기도로 하루를 시작할 때 하루의 삶, 그리고 앞으로의 모든 삶이 이전보다 더 풍성한 열매로 가득 찰 것입니다.

(8) 철야기도

철야기도는 기도가 응답될 때까지 기도의 줄을 놓지 않겠다는 의지를 나타냅니다. 예수님께서는 철야기도의 모범을 보여주셨습니다. 예수님께서는 고된 사역으로 심신이 지쳐있을 때에도 밤이 새도록 하나님께 기도하셨습니다.

눅 6:12 | 이 때에 예수께서 기도하시러 산으로 가사 밤이 새도록 하나
님께 기도하시고

야곱은 얍복 강을 건너기 전날 밤에 밤이 새도록 하나님의 천사와 영
적인 씨름을 했습니다. 밤새 씨름을 하고 새벽이 되었을 때에 야곱은 이
스라엘로 이름이 바뀌었으며 이스라엘의 열두 지파가 그를 통해 나오게
되었습니다.

창 32:24-28 | 야곱은 홀로 남았더니 어떤 사람이 날이 새도록 야곱과
씨름하다가 자기가 야곱을 이기지 못함을 보고 그가 야곱의 허벅지 관
절을 치매 야곱의 허벅지 관절이 그 사람과 씨름할 때에 어긋났더라 그
가 이르되 날이 새려하니 나로 가게 하라 야곱이 이르되 당신이 내게 축
복하지 아니하면 가게 하지 아니하겠나이다 그 사람이 그에게 이르되
네 이름이 무엇이냐 그가 이르되 야곱이니이다 그가 이르되 네 이름을
다시는 야곱이라 부를 것이 아니요 이스라엘이라 부를 것이니 이는 네
가 하나님과 및 사람들과 겨루어 이겼음이니라

다윗은 이스라엘의 위대한 왕이었습니다. 이스라엘 역사상 다윗과 같
은 왕은 없었습니다. 그러나 다윗은 충실한 부하였던 우리아의 아내를
범했고, 그 사실을 숨기기 위해 우리아를 죽였습니다. 완전범죄를 꿈꿨
던 다윗에게 하나님의 책망이 임했을 때 다윗은 밤을 새워 자신의 죄를
회개했습니다.

시 6:6 | 내가 탄식함으로 피곤하여 밤마다 눈물로 내 침상을 띄우며 내 요를 적시나이다

하나님께서는 이런 다윗의 참회의 눈물을 보셨고, 그를 영적으로 다시 회복시켜 주셨습니다. 인생의 문제들뿐만 아니라 영적인 문제가 생겼을 때 밤을 새워 부르짖어 간구하는 우리의 기도에 하나님께서는 반드시 응답해주십니다.

(9) 안수기도

안수기도는 구약시대에서부터 유래되었습니다. 구약시대에는 축복, 제물에 대한 죄의 전가 등을 위해 안수기도가 행해졌습니다. 야곱이 손자들을 축복할 때 머리에 손을 얹고 안수하며 축복했습니다.

창 48:14-16 | 이스라엘이 오른손을 펴서 차남 에브라임의 머리에 얹고 왼손을 펴서 므낫세의 머리에 얹으니 므낫세는 장자라도 팔을 엇바꾸어 얹었었더라 그가 요셉을 위하여 축복하여 이르되 내 조부 아브라함과 아버지 이삭이 섬기던 하나님, 나의 출생으로부터 지금까지 나를 기르신 하나님, 나를 모든 환난에서 건지신 여호와(야훼)의 사자께서 이 아이들에게 복을 주시오며 이들로 내 이름과 내 조상 아브라함과 이삭의 이름으로 칭하게 하시오며 이들이 세상에서 번식되게 하시기를 원하나이다

제사장들은 하나님께 제사를 드릴 때 번제물에 손을 얹고 기도했습니다. 제사장들은 안수기도를 통해 이스라엘의 국가적인 죄와 개인의 죄를 번제물에게 전가시켰습니다.

출 29:10 | 너는 수송아지를 회막 앞으로 끌어오고 아론과 그의 아들들
은 그 송아지 머리에 안수할지며

신약시대에는 축복, 치료, 사도와 제자들을 세우고 교회의 집사와 장로를 세울 때 사용되었습니다. 예수님께서는 어린아이들에게 안수하시고 축복하셨습니다.

막 10:16 | 그 어린 아이들을 안고 그들 위에 안수하시고 축복하시니라

예수님과 사도들은 병든 사람들을 고칠 때 안수하며 기도했습니다.

눅 4:40 | 해 질 무렵에 사람들이 온갖 병자들을 데리고 나아오매 예수
께서 일일이 그 위에 손을 얹으사 고치시니

행 28:8 | 보블리오의 부친이 열병과 이질에 걸려 누워 있거늘 바울이
들어가서 기도하고 그에게 안수하여 낫게 하매

안수기도는 교회의 일꾼을 세울 때와 바울과 바나바를 선교사로 파송

할 때도 사용되었습니다.

> 행 6:5-6 | 온 무리가 이 말을 기뻐하여 믿음과 성령이 충만한 사람 스
> 데반과 또 빌립과 브로고로와 니가노르와 디몬과 바메나와 유대교에 입
> 교했던 안디옥 사람 니골라를 택하여 사도들 앞에 세우니 사도들이 기
> 도하고 그들에게 안수하니라

> 행 13:2-3 | 주를 섬겨 금식할 때에 성령이 이르시되 내가 불러 시키는
> 일을 위하여 바나바와 사울을 따로 세우라 하시니 이에 금식하며 기도
> 하고 두 사람에게 안수하여 보내니라

안수기도는 개인의 축복과 질병을 치유하기 위한 것 외에도 교회의 중
요한 의식으로 자리 잡고 있었습니다. 오늘날에도 안수기도는 초대교회
에서 실행했던 전통을 계승하고 있으며 신앙생활에 많은 유익을 주고 있
습니다.

(10) 방언기도

방언기도는 오순절 성령 강림 이후 본격적으로 교회 내에서 사용되기
시작했습니다. 오순절 날 제자들이 성령의 충만함을 받았습니다. 이후
제자들은 각 나라의 방언으로 복음을 증거하기 시작했고, 방언기도는

초대교회에 폭넓게 사용되던 기도의 종류입니다.

행 2:1-4 | 오순절 날이 이미 이르매 그들이 다같이 한 곳에 모였더니 홀연히 하늘로부터 급하고 강한 바람 같은 소리가 있어 그들이 앉은 온 집에 가득하며 마치 불의 혀처럼 갈라지는 것들이 그들에게 보여 각 사람 위에 하나씩 임하여 있더니 그들이 다 성령의 충만함을 받고 성령이 말하게 하심을 따라 다른 언어들로 말하기를 시작하니라

방언기도는 성령의 은사로서 인간의 노력이나 연습을 통해 할 수 있는 것이 아닙니다. 방언기도는 특별히 개인의 신앙생활에 큰 도움을 주며, 개인의 믿음의 덕을 세우는 데 중요한 역할을 합니다.

고전 14:4 | 방언을 말하는 자는 자기의 덕을 세우고 예언하는 자는 교회의 덕을 세우나니

방언기도는 의지적인 기도가 아니라 성령에 이끌려서 하는 기도입니다. 그러므로 방언기도는 강하게 역사하시는 성령님의 능력을 체험하게 되는 기도입니다. 방언기도를 할 때 주의해야 할 점도 있습니다. 그것은 영적인 자랑과 우월감을 나타내기 위해 사용되어서는 안 된다는 것입니다.

오라토리오 '천지창조'를 작곡하여 명성을 얻은 하이든은 그의 예술성과 열정이 기도에서 왔다고 고백하였습니다. 많은 창작곡을 만든 하이든은 어느 날 한 평론가로부터 "그렇게 초인적인 열정으로 창작을 하고 금방 회복할 수 있는 비결이 무엇입니까?"라는 질문을 받았을 때, "제가 살고 있는 집에 골방이 있는데 저는 작곡하다가 지칠 때, 혹은 영감이 떠오르지 않을 때마다 그 골방에 들어가 하나님께 기도를 드렸습니다. 그때마다 하나님께서는 샘솟는 열정과 영감을 주셨습니다."라고 대답했다고 합니다.

기도의 종류는 다음과 같습니다.

1. 개인기도는 아무런 방해 없이 하나님과 친밀한 대화를 할 수 있는 기도입니다.
2. 합심기도는 여러 사람이 함께 모여 하는 기도입니다.
3. 묵상기도는 소리를 내지 않고 마음으로 드리는 침묵의 기도입니다.
4. 통성기도는 하나님께 부르짖어 간구하는 기도입니다.
5. 중보기도는 다른 사람을 위한 기도이며 그리스도의 사랑을 실천하는 기도입니다.
6. 금식기도는 식욕을 절제하며, 하나님께 전적으로 자신을 드리는 기도입니다.
7. 새벽기도는 하루의 첫 시간을 하나님께 드리는 기도입니다.
8. 철야기도는 수면욕을 절제하며, 밤을 새워 드리는 기도입니다.
9. 안수기도는 손을 얹고 하나님의 축복이 임하기를 기원하는 기도입니다.
10. 방언기도는 성령의 은사인 방언으로 드리는 기도입니다.

묵상

1. 하나님께서 다양한 종류의 기도를 허락하신 이유가 무엇이라고 생각하십니까?
2. 각 기도의 유익이 무엇인지 생각해봅시다.
3. 상황에 맞지 않는 기도의 종류를 사용한다면 어떻게 될지 생각해봅시다.

적용

1. 다른 사람에게 피해가 가지 않도록 때와 장소에 맞게 기도합시다.
2. 익숙하지 않았던 기도가 있었다면 기도 생활 가운데 적극적으로 활용합시다.
3. 다양한 기도를 통해 쉬지 않고 기도합시다.

2) 기도의 자세

누가복음 18장 9-14절에 보면 세리의 겸손한 기도가 나옵니다. 감히 눈을 들어 하늘을 쳐다보지도 못하고 가슴을 치며 자신을 불쌍히 여겨 달라고 전심으로 회개하며 눈물로 기도하는 세리의 모습을 통해 예수님은 "이 사람이 의롭다 하심을 받고 그의 집으로 내려갔느니라"(눅 18:14)라고 말씀하십니다. 그는 하나님의 자녀로서 기도 응답을 받고 돌아간 것입니다.

이와 마찬가지로 기도는 하나님의 자녀로서 누리는 특권이며 축복이지만 하나님 앞에 나아갈 때 이 세리처럼 온전한 겸비함이 있어야 합니다.

(1) 내면적 자세

기도는 어떤 믿음과 마음의 자세로 기도하느냐 하는 것이 무엇보다 중요합니다. 하나님께서는 중언부언하는 기도를 싫어하십니다. 기도는 하나님과의 대화이며 인격적인 만남입니다. 하나님께서는 세상 모든 사람의 기도에 응답하시는 것이 아니라 하나님의 자녀들의 기도에 응답해 주십니다.

① 하나님의 자녀 됨의 정체성
예수님을 구주로 영접하면 하나님의 자녀가 됩니다. 하나님의 자녀가 된다고 하는 것은 하나님과 새로운 관계를 형성하게 되고 하나님의 자녀의 지위와 권리를 받게 되는 것을 의미합니다.

> 롬 8:14-15 | 무릇 하나님의 영으로 인도함을 받는 사람은 곧 하나님의
> 아들이라 너희는 다시 무서워하는 종의 영을 받지 아니하고 양자의 영
> 을 받았으므로 우리가 아빠 아버지라고 부르짖느니라

사도 바울은 말하기를 어린아이가 한 점 의심 없이 아빠엄마를 향해 아주 친밀하게 "아빠, 아버지!"라고 부르는 것처럼 우리도 동일하게 하나님을 향해 당당한 자신감을 가지고 "아바 아버지"라고 부를 수 있다고 합니다. 동시에 하나님의 자녀인 우리는 아버지가 가지고 있는 풍성한 것들을 넉넉히 공급받고 세상을 이기는 자녀로 살 수 있습니다.

② 믿음

하나님이 우리와 함께하신다는 굳건한 믿음과 확신을 가지고 기도할 때 하나님께서 반드시 응답해주신다고 말씀합니다.

> 사 58:9 | 네가 부를 때에는 나 여호와(야훼)가 응답하겠고 네가 부르짖
> 을 때에는 내가 여기 있다 하리라 만일 네가 너희 중에서 멍에와 손가락
> 질과 허망한 말을 제하여 버리고

기도의 응답은 믿음과 직접적인 관련을 가지고 있습니다. 하나님은 우리에게 좋은 것을 주시기 원하시는 좋으신 하나님이십니다. 좋으신 하나님을 믿고 하나님의 뜻을 구하는 것이 기도입니다.

성경은 우리가 하나님의 말씀을 듣고 믿음으로 기도하면 하나님께서 그대로 시행하시겠다고 말씀하고 있습니다.

> 막 11:24 | 그러므로 내가 너희에게 말하노니 무엇이든지 기도하고 구하는 것은 받은 줄로 믿으라 그리하면 너희에게 그대로 되리라

③ 간절함

기도는 간절함으로 해야 합니다. 하나님께서 기도를 들어주셔도 되고 안 들어주셔도 상관없다는 식의 기도는 응답을 받을 수 없습니다. 간절한 기도의 모범은 예수님의 기도에서 찾을 수 있습니다. 예수님께서는 하나님께 기도할 때 온 힘과 마음을 다해 간절히 기도하셨습니다.

> 눅 22:44 | 예수께서 힘쓰고 애써 더욱 간절히 기도하시니 땀이 땅에 떨어지는 핏방울 같이 되더라

베드로가 감옥에 갇혔을 때 온 교회가 간절히 기도했습니다. 이때 감옥의 문이 열리고 손에 묶였던 쇠사슬이 풀어지는 기적을 체험하게 되었습니다.

행 12:5-7 | 이에 베드로는 옥에 갇혔고 교회는 그를 위하여 간절히 하나님께 기도하더라 헤롯이 잡아 내려고 하는 그 전날 밤에 베드로가 두 군인 틈에서 두 쇠사슬에 매여 누워 자는데 파수꾼들이 문 밖에서 옥을 지키더니 홀연히 주의 사자가 나타나매 옥중에 광채가 빛나며 또 베드로의 옆구리를 쳐 깨워 이르되 급히 일어나라 하니 쇠사슬이 그 손에서 벗어지더라

간절한 마음으로 기도할 때 기억해야 할 것이 있습니다. 내가 진정으로 기도가 응답되기를 원하고 있는지 점검해보는 것입니다. 나의 마음속 깊은 곳에서부터 응답을 원하는 기도 제목이라면, 우리의 기도는 이전보다 더 간절해질 것입니다. 우리 마음속에 있는 진정한 소원이 무엇인지 한번쯤 곰곰이 생각해보시기 바랍니다.

④ 깨끗한 마음

약 4:2-3 | 너희는 욕심을 내어도 얻지 못하여 살인하며 시기하여도 능히 취하지 못하므로 다투고 싸우는도다 너희가 얻지 못함은 구하지 아니하기 때문이요 구하여도 받지 못함은 정욕으로 쓰려고 잘못 구하기 때문이라

하나님께 응답받기 위해서는 깨끗한 마음으로 기도해야 합니다. 하나님께서는 기도의 내용보다 기도하는 사람의 마음가짐을 먼저 보십니다.

그래서 언제나 우리는 정결한 마음을 유지해야 합니다. 먼저는 철저한 회개로 자신의 삶을 돌이켜보고, 하나님의 뜻에 합당한 삶을 살아야 합니다. 또한 세속적인 욕심과 이기심에서 비롯된 기도가 아닌 하나님의 영광을 위한 기도를 드려야 합니다. 하나님의 뜻에 부합한 바른 기도를 드릴 때 응답을 받을 수 있습니다. 성결한 마음은 기도의 가치를 끌어올리고, 응답으로 인도합니다.

(2) 외형적 자세

성경에는 기도를 할 때 필요한 내면적인 자세뿐만 아니라 외형적인 자세에 대해서도 말씀해주고 있습니다. 외형적인 기도의 자세가 중요한 이유는 내면의 마음가짐을 반영하기 때문입니다.

① 무릎을 꿇고

무릎을 꿇고 기도하는 것은 하나님 앞에 스스로를 낮추는 것입니다. 솔로몬 왕은 세상의 모든 권세를 가졌지만 하나님께 기도할 때는 겸손히 무릎을 꿇었습니다.

> 왕상 8:54 | 솔로몬이 무릎을 꿇고 손을 펴서 하늘을 향하여 이 기도와 간구로 여호와(야훼)께 아뢰기를 마치고 여호와(야훼)의 제단 앞에서 일어나

교만한 기도는 하나님께서 안 받으십니다. 겸손히 무릎을 꿇고 하나님께 간구할 때 하나님께서는 우리의 기도에 귀를 기울이십니다.

② 일어서서

이스라엘 백성들은 하나님의 말씀이 선포될 때 다 일어서서 하나님의 말씀을 받았습니다. 모든 백성들이 한자리에 모여 기도할 때도 앉아서 기도하지 않고 하나님께 서서 기도했습니다. 특별한 절기 때에는 아침과 저녁에 서서 하나님께 기도하고 찬송했습니다.

대상 23:30 | 아침과 저녁마다 서서 여호와(야훼)께 감사하고 찬송하며

하나님 앞에 일어선다는 의미는 하나님에 대한 경외감을 표현하는 것입니다. 그리고 하나님의 임재에 대한 인정이기도 합니다.

③ 손을 들고

손을 들고 기도하고 찬양하는 것은 가장 일반적인 경배의 모습입니다. 솔로몬 왕과 이스라엘 백성들은 제사를 드릴 때 모두 일어나 손을 들고 하나님께 경배했습니다.

왕상 8:22 | 솔로몬이 여호와(야훼)의 제단 앞에서 이스라엘의 온 회중과 마주서서 하늘을 향하여 손을 펴고

손을 들고 기도하는 것은 하나님께 항복을 선언하는 것입니다. 자신의 생각과 방법대로 해봤지만 실패했다는 것을 인정하는 것이며, 하나님의 도움을 겸손히 구하는 자세입니다. 하나님의 도움의 손길을 바라며, 하나님께서 우리의 손을 잡아주시기를 바라는 신앙고백의 기도가 손을 들고 하는 기도입니다.

④ 큰 소리로

사람이 위급한 상황에 처하면 목소리를 높여서 도움을 구합니다. 이와 같이 목소리를 높여서 큰 소리로 기도하는 것은 하나님의 도움을 간절히 요청하는 것입니다. 모세와 삼손은 하나님의 도움이 간절히 필요할 때 소리를 높여 부르짖어 간구했습니다.

> 출 15:25 | 모세가 여호와(야훼)께 부르짖었더니 여호와(야훼)께서 그에게 한 나무를 가리키시니 그가 물에 던지니 물이 달게 되었더라 거기서 여호와(야훼)께서 그들을 위하여 법도와 율례를 정하시고 그들을 시험하실새

삼손은 하나님의 도움이 간절히 필요했을 때 소리 높여 간구했습니다. 하나님께서는 삼손의 마지막 소원을 들으시고 그로 하여금 블레셋 사람들에게 하나님의 심판을 나타내게 하셨습니다.

> 삿 16:28 | 삼손이 여호와(야훼)께 부르짖어 이르되 주 여호와(야훼)여 구하옵나니 나를 생각하옵소서 하나님이여 구하옵나니 이번만 나를 강하

게 하사 나의 두 눈을 뺀 블레셋 사람에게 원수를 단번에 갚게 하옵소서

하고

어느 성도가 신앙상담을 하려고 목사님을 찾아가서는 처녀 시절의 이야기부터 시작해서 결혼해서 자녀를 낳고 중년이 되기까지의 이야기를 장황하게 늘어놓았습니다. 목사님은 중간 중간 "예, 그러세요? 그런데 요건만 말씀하시죠."라고 해도 "조금만 더 제 얘기를 들어보세요."라고 하면서 일방적으로 자기 얘기만 했습니다. 결국 목사님은 그 성도의 문제가 무엇인지 파악하지 못한 채 그냥 기도만 해주고 돌려보내야 했습니다.

기도는 구체적으로 자신의 생각과 마음을 하나님께 아뢰는 것입니다.

기도의 자세에는 내면적 자세와 외형적 자세가 있습니다.

1. 내면적 자세

   기도의 내면적 자세는 하나님의 자녀라는 정체성을 확립하는 것에서부터 시작됩니다. 하나님의 자녀라는 정체성을 가지고 간절한 마음으로 믿음을 가지고 기도할 때 하나님께서 우리의 기도에 응답해주십니다.

2. 외형적 자세

   기도의 외형적 자세에는 무릎을 꿇고 하는 기도, 일어서서 하는 기도, 손을 들고 하는 기도, 큰 소리로 간구하는 기도가 있습니다.

1. 기도의 자세에는 어떤 것이 있습니까?
2. 내면적 기도의 자세와 외형적 기도의 자세는 어떤 차이점이 있는지 생각해봅시다.
3. 기도의 자세는 기도에 어떤 영향을 미치는지 생각해봅시다.

1. 중언부언하지 않도록 간절한 마음으로 기도합시다.
2. 믿음이 없으면 기도의 응답을 받을 수 없습니다. 구하는 것은 이미 받은 줄로 믿고 기도합시다.
3. 외형적 기도는 기도의 간절함을 담고 있습니다. 무릎을 꿇고 기도하고, 일어서서 기도하고 큰 소리로 부르짖어 간구합시다.

5 CHAPTER

기도의 유익
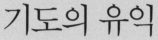
Prayer, the Passage to Grace

대부분의 성도들은 기도가 영적인 호흡이요 하나님과의 교제로 성
도의 건강한 신앙생활에 반드시 필요하다는 것을 알고 있지만, 기
도가 가져다주는 실제적인 유익에 대해서는 잘 알지 못합니다. 하
지만 성경은 기도가 주는 유익에 대해 분명히 또 자세히 말씀하고
있습니다. 기도가 주는 유익을 알게 될 때, 우리는 더 구체적이고 깊
이 있는 기도를 드릴 수 있습니다.

1) 하나님의 뜻 가운데 살게 된다

하나님과의 영적인 교제인 기도를 통하여 우리는 하나님의 뜻과 섭리를 깨닫게 됩니다. 왜냐하면 올바른 기도는 성도들로 하여금 하나님의 뜻을 살피게 하고, 하나님께서 원하시는 것을 분별할 수 있게 해주기 때문입니다.

(1) 말씀에 순종하는 삶

① 하나님의 뜻을 깨닫게 된다.

> 사 55:8-9 | 이는 내 생각이 너희의 생각과 다르며 내 길은 너희의 길과
> 다름이니라 여호와(야훼)의 말씀이니라 이는 하늘이 땅보다 높음같이 내
> 길은 너희의 길보다 높으며 내 생각은 너희의 생각보다 높음이니라

하나님의 생각은 우리 생각과 다릅니다. 하나님의 생각은 하늘처럼 높고, 우리의 생각은 땅처럼 낮습니다. 또한 하나님의 길은 하늘처럼 높고, 우리의 길은 땅처럼 낮습니다. 따라서 우리 생각대로 판단하고, 우리의 뜻대로 결정하는 삶은 하나님이 원하시는 것과 멀어지는 삶이 될 뿐입니다. 그러나 매일 기도하는 삶을 사는 사람은 하나님의 뜻을 살피며 하나님이 원하시는 바를 따라가게 됩니다. 왜냐하면 기도는 하나님의 뜻

을 듣는 훈련이기 때문입니다.

나의 뜻과 나의 소원만 말하는 기도는 반쪽짜리 기도요, 주술적인 주문에 불과합니다. 온전한 기도는 반드시 하나님의 뜻을 들을 수 있는 기도입니다. 예수님처럼 내 원대로 마시고 아버지의 원대로 되기를 원하는 기도가 올바른 기도입니다.

② 하나님의 성품을 닮아가게 된다.

> 레 20:26 | 너희는 나에게 거룩할지어다 이는 나 여호와(야훼)가 거룩하고 내가 또 너희를 나의 소유로 삼으려고 너희를 만민 중에서 구별하였음이니라

> 마 5:48 | 그러므로 하늘에 계신 너희 아버지의 온전하심과 같이 너희도 온전하라

하나님은 거룩하신 분이시고, 온전하신 분이십니다. 거룩하시고 온전하신 하나님의 뜻은 하나님을 믿는 백성들이 하나님을 닮아 거룩하고, 온전하게 되는 것입니다. 하나님은 성도들이 삶의 모든 영역에서 거룩하고 온전하게 살기를 원하십니다. 왜냐하면 하나님이 거룩하시고, 온전하신 분이시기 때문입니다. 성숙한 성도는 하나님의 성품 닮기를 즐겨합니다.

그렇다면 어떻게 해야 거룩하고 온전한 삶을 살 수 있을까요? 디모데

전서 4장 5절은 다음과 같이 말합니다.

딤전 4:5 | 하나님의 말씀과 기도로 거룩하여짐이라

하나님의 거룩하신 성품을 닮아가기 위해서 빠트릴 수 없는 것이 말씀과 기도입니다. 말씀과 기도는 서로 다른 것 같지만 한 가지 면에서 공통점을 가지고 있습니다. 바로 하나님의 뜻입니다. 하나님의 말씀에는 하나님의 뜻이 담겨져있고, 기도는 하나님의 뜻을 듣는 것이기 때문에 "말씀과 기도로 거룩하여짐이라"라는 말은 하나님의 뜻이 담겨있는 성경 말씀을 읽어 하나님의 뜻을 듣는 기도를 하는 자들은 하나님의 성품을 닮아 거룩하게 됨을 말하는 것입니다. 거룩한 삶을 살려 한다면 말씀생활과 기도생활을 해야 하는 이유가 여기에 있습니다.

(2) 하나님의 비전을 추구하는 삶

하나님의 비전은 하나님이 뜻하신 계획을 말합니다. 하나님의 생각과 하나님의 길은 우리의 생각과 우리의 길과는 다르기 때문에 종종 마찰을 빚게 됩니다. 왜냐하면 하나님께서는 우리의 고정관념을 뛰어넘는 일들을 계획하시기 때문입니다. 그러나 우리의 생각으로 이해할 수는 없지만 하나님의 뜻을 따르면 그것이 하나님의 기쁨이 됩니다.

① 하나님의 기뻐하심을 추구하게 된다.

> 행 11:5-9 | 이르되 내가 욥바 시에서 기도할 때에 황홀한 중에 환상을 보니 큰 보자기 같은 그릇이 네 귀에 매어 하늘로부터 내리어 내 앞에까지 드리워지거늘 이것을 주목하여 보니 땅에 네 발 가진 것과 들짐승과 기는 것과 공중에 나는 것들이 보이더라 또 들으니 소리 있어 내게 이르되 베드로야 일어나 잡아 먹으라 하거늘 내가 이르되 주님 그럴 수 없나이다 속되거나 깨끗하지 아니한 것은 결코 내 입에 들어간 일이 없나이다 하니 또 하늘로부터 두 번째 소리 있어 내게 이르되 하나님이 깨끗하게 하신 것을 네가 속되다고 하지 말라 하더라

사도행전 11장 5-9절의 말씀은 베드로가 욥바에서 기도하던 중 보았던 환상에 관한 말씀입니다. 욥바에서의 환상 사건은 기독교 교회 역사상 코페르니쿠스적인 전환점에 해당합니다. 왜냐하면 이 환상을 통해 초대교회의 복음이 유대인들을 넘어서 이방인들에게도 널리 전파되기 시작되었고, 그리스도의 복음은 이제 더 이상 유대인들만을 위한 복음이 아니라 만민을 위한 복음으로 전환되었기 때문입니다. 이 모든 것의 시작은 바로 베드로의 기도였습니다(행 10:9). 하나님은 기도를 통해 하나님과 교제하는 자들에게 하나님의 뜻을 알리시고, 하나님의 뜻을 순종하는 자를 통하여 기쁨의 역사를 이루시는 분이십니다.

살전 2:4 | 오직 하나님께 옳게 여기심을 입어 복음을 위탁 받았으니 우리가 이와 같이 말함은 사람을 기쁘게 하려 함이 아니요 오직 우리 마음을 감찰하시는 하나님을 기쁘시게 하려 함이라

기도는 성도들로 하여금 하나님을 기쁘시게 하는 것이 무엇인지 분별할 수 있게 합니다. 그래서 깊은 기도를 하면 하나님의 뜻을 알게 되어 사람을 기쁘게 하는 것보다 하나님을 기쁘시게 하는 결단을 내리게 되는 것입니다. 그러므로 우리는 무엇보다 하나님의 뜻을 깨닫게 해달라고 기도해야 합니다.

② 하나님의 기뻐하시는 계획을 이루게 된다.

롬 12:2 | 너희는 이 세대를 본받지 말고 오직 마음을 새롭게 함으로 변화를 받아 하나님의 선하시고 기뻐하시고 온전하신 뜻이 무엇인지 분별하도록 하라

기도를 통해 하나님의 뜻을 분별한 사람들은 하나님이 기뻐하시는 것을 추구하게 됩니다. 그 결과 하나님이 기뻐하시는 계획을 이루어드리는 도구로 쓰임을 받습니다. 하나님의 기쁨이 되고, 하나님의 기뻐하시는 바를 이루어드리기 원한다면 이 세대를 본받지 않도록, 기도를 통하여 하나님의 선하시고 기뻐하시고 온전하신 뜻이 무엇인지 듣고 분별해야 합니다.

③ 세상을 아름답게 만든다.

> 창 1:28 | 하나님이 그들에게 복을 주시며 하나님이 그들에게 이르시되 생육하고 번성하여 땅에 충만하라, 땅을 정복하라, 바다의 물고기와 하늘의 새와 땅에 움직이는 모든 생물을 다스리라 하시니라

하나님은 사람을 창조하시고, 비전을 주셨습니다. 그것은 하나님께서 창조하신 세상을 보존하고, 더 나은 곳으로 만들라는 것이었습니다. 곧, 세상에 대한 통치권을 위임하신 것입니다. 그런데 이러한 모든 것은 사람의 힘으로만 되는 것이 아닙니다. 하나님께 기도함으로 지혜와 능력을 얻을 때만 사람은 이 땅을 지켜나갈 수 있습니다. 기도할 때 세상을 향한 하나님의 마음을 알 수 있으며, 올바른 방향으로 세상을 돌볼 수 있습니다.

인도에서 평생을 가난한 사람들을 돌보며 봉사했던 노벨 평화상 수상자 테레사 수녀가 한번은 미국을 방문해 CBS 방송국의 유명한 뉴스진행자 댄 래더의 프로그램에 출연하게 되었습니다. 댄 래더가 마더 테레사에게 물었습니다. "당신은 하나님께 기도할 때에 무엇이라고 말합니까?" 테레사 수녀는 다소곳이 고개를 숙이고 있다가 대답했습니다. "나는 듣습니다." 그렇습니다. 기도란 하나님의 뜻이 무엇인지를 듣는 것이 먼저입니다.

요약

PRAYER · THE · PASSAGE · TO · GRACE

기도는 우리를 하나님의 뜻대로 살도록 인도해줍니다.

1. 기도는 하나님과의 대화로서 성도들로 하여금 하나님의 뜻을 알게 해줍니다.
2. 말씀과 기도는 거룩하신 하나님을 닮아가기 위한 필수 조건입니다.
3. 하나님의 기뻐하시고 온전하신 뜻을 이루기 위해서는 기도의 삶을 살아야 합니다.

 묵상

1. 하나님의 뜻과 나의 뜻이 엇갈리게 될 때 주저하지 않고 하나님의 뜻을 따를 수 있습니까?
2. 하나님을 닮아가기 위해 나는 무엇을 하고 있는가 생각해봅시다.
3. 하나님의 기뻐하시는 뜻을 깨닫기 위해 하루에 얼마나 기도하고 있습니까?

적용

1. 순간마다 하나님의 뜻을 깨닫게 해달라고 기도합시다.
2. 나중에라도 하나님의 뜻을 깨달았을 때 지체하지 않고 주님께로 돌이킬 수 있도록 기도를 드립니다.
3. 이 세대를 본받지 말고 하나님의 기뻐하시고 온전하신 뜻을 분별하라는 로마서 12장 2절 말씀을 암송하면서 기도의 시간을 갖습니다.

2) 하나님의 은혜와 능력을 체험한다

(1) 하나님의 은혜 체험

① 용서받는 은혜를 체험하게 된다.

> 엡 1:7 | 우리는 그리스도 안에서 그의 은혜의 풍성함을 따라 그의 피로
> 말미암아 속량 곧 죄 사함을 받았느니라

죄는 하나님과 성도들 사이를 갈라놓고, 성도들의 얼굴을 가려 하나
님과의 올바른 관계를 방해합니다(엡 2:3-5). 따라서 하나님과의 친밀한 교
제는 자신의 죄를 고백하는 기도를 통해서 시작된다고 볼 수 있습니다.
우리가 예수님의 이름으로 우리의 죄를 고백하고, 하나님 앞에서 죄를 숨
기지 않으면 그의 은혜의 풍성함을 따라 하나님께서는 우리의 죄를 용서
하시고, 모든 불의에서 우리를 깨끗하게 해주십니다. 죄 용서함의 은혜
는 오직 죄를 고백하는 기도를 통하여 체험될 수 있습니다.

② 용서할 수 있는 은혜를 체험하게 된다.

> 마 5:43-44 | 또 네 이웃을 사랑하고 네 원수를 미워하라 하였다는 것
> 을 너희가 들었으나 나는 너희에게 이르노니 너희 원수를 사랑하며 너

희를 박해하는 자를 위하여 기도하라

기도는 우리로 하여금 용서받는 경험을 가능하게 할 뿐만 아니라, 우리로 하여금 타인들을 용서할 수 있는 힘을 줍니다. 실제로 예수님은 자주 용서와 기도를 연결시키셨습니다. 제자들에게 "우리가 우리에게 죄 지은 자를 사하여 준 것 같이 우리 죄를 사하여 주시옵고(마 6:12)"라고 기도를 가르치셨고, 십자가에 자신을 못 박는 사람들을 향해서도 "아버지 저들을 사하여 주옵소서 자기들이 하는 것을 알지 못함이니이다(눅 23:34)"라고 기도하시기도 하셨습니다.

용서의 모범이 되신 예수님께서는 왜 용서와 기도를 연결시키셨던 것일까요? 그것은 기도에는 용서의 능력이 있기 때문입니다. 사람을 미워하는 마음이 있다가도 주님의 뜻 가운데 기도를 드리면 미움의 마음은 사라지고, 용서할 수 있는 용기를 가지게 되는 것은 기도의 능력 때문입니다. 기도는 우리로 하여금 용서할 수 있는 용기와 결단을 내리도록 힘을 부여합니다. 그렇기에 예수님께서는 항상 기도 중에 용서를 언급하시고, 기도 속에서 사람들을 용서하셨던 것입니다.

③ 영적 전쟁에서 승리하는 은혜를 체험하게 된다.

출 17:11 | 모세가 손을 들면 이스라엘이 이기고 손을 내리면 아말렉이 이기더니

이스라엘에게는 아말렉이라는 적군이 있었습니다. 아말렉은 늘 이스라엘 곁에서 이스라엘을 괴롭혔습니다. 그런데 출애굽기 17장에서 모세는 아말렉과의 전투 중에 산꼭대기로 올라가 하나님께 손을 들어 기도를 드렸습니다. 이때 아주 신기한 일이 벌어졌습니다. 모세가 손을 들면 이스라엘이 이기고, 모세가 팔이 피곤하여 손을 내리면 다시 아말렉이 이기는 것이었습니다. 그러자 아론과 훌은 싸움이 끝나기까지 모세의 양손을 붙들고 있었고, 결과적으로 이스라엘이 아말렉을 격퇴하게 됩니다.

> 출 17:15-16 | 모세가 제단을 쌓고 그 이름을 여호와(야훼) 닛시라 하고
> 이르되 여호와(야훼)께서 맹세하시기를 여호와(야훼)가 아말렉과 더불어
> 대대로 싸우리라 하셨다 하였더라

모세는 아말렉과의 전투에서 이스라엘을 위해 싸워주시고, 승리하게 하시는 '여호와(야훼) 닛시'를 경험하고 고백했습니다. 기도의 끝은 승리입니다. 왜냐하면 하나님이 받으시는 기도는 하나님의 손을 움직이기 때문입니다. 출애굽기 17장의 장면은 군사들의 칼과 창만이 무기가 아니었고, 모세의 기도가 강력한 무기였음을 말해줍니다. 우리의 영적인 아말렉인 마귀는 늘 우는 사자같이 두루 다니며 삼킬 자를 찾습니다(벧전 5:8). 이러한 마귀를 막을 수 있는 영적무기가 기도입니다. 그래서 사탄은 어떻게 해서라도 성도들이 기도하지 못하도록 방해를 합니다. 우리는 기도하지 못하도록 방해하는 사탄의 전략에 말려들지 않기 위해 늘 깨어있어야 합니다.

(2) 하나님 능력의 체험

① 구하는 대로 얻게 되는 능력을 체험하게 된다.

> 마 7:7 | 구하라 그리하면 너희에게 주실 것이요 찾으라 그리하면 찾아
> 낼 것이요 문을 두드리라 그리하면 너희에게 열릴 것이니

하나님께서 우리에게 주신 최고의 축복은 기도의 능력입니다. 기도에는 힘이 있습니다. 풍성하고 능력 있는 교회나 성도들의 특징은 '구하는 교회와 성도'라는 것입니다. 기도는 문제를 여는 열쇠입니다. 보물 열쇠를 가지고 있으면서도 보물 상자를 열지 않는 것은 어리석은 것입니다. 예수님은 구하라고 말씀하셨고, 찾으라고 말씀하셨으며, 두드리라고 말씀하셨습니다. 그렇게 되면 구하는 대로 얻게 될 것이고, 찾는 대로 찾게 될 것이며, 두드리는 대로 열리게 될 것이라고 말씀하셨습니다.

> 마 21:22 | 너희가 기도할 때에 무엇이든지 믿고 구하는 것은 다 받으리
> 라 하시니라

예수님은 '무엇이든지 믿고 구하는 것은 다 받으리라'고 말씀하셨습니다. 그렇습니다. 기도의 제목은 제한이 없습니다. 우리가 무엇이든지 하나님께 구하면 하나님께서는 예수님의 이름으로 그것을 구하는 우리에게 주십니다(요 16:23-24). 기도에 응답하시겠다는 하나님의 약속을 믿음으

로 받아들이고 기도하면 구하는 대로 풍성하게 채우시는 하나님의 능력을 경험하게 될 것입니다.

② 치료하시는 하나님의 능력을 체험하게 된다.

> 출 15:26 | 이르시되 너희가 너희 하나님 나 여호와(야훼)의 말을 들어 순종하고 내가 보기에 의를 행하며 내 계명에 귀를 기울이며 내 모든 규례를 지키면 내가 애굽 사람에게 내린 모든 질병 중 하나도 너희에게 내리지 아니하리니 나는 너희를 치료하는 여호와(야훼)임이라

성경은 여호와(야훼) 하나님을 치료하시는 하나님으로 소개합니다(신 32:39). 그런데 여호와(야훼) 하나님의 치유는 인간의 상처나 질병에 국한되지 않습니다. 하나님은 사람의 상처를 치료하시고, 병을 낫게 하실 뿐만 아니라, 마음의 상함도 치료하시며(시 147:3), 백성과 공동체도 치유하시고 (사 19:22; 30:26), 도시를 치료하시는(렘 33:6) 등 치료의 범위는 매우 광범위합니다. 이처럼 하나님의 치료는 개인적인 질병의 차원을 넘어서 공동체가 가지고 있는 문제도 포함되며 하나님과의 관계 회복과 함께 죄로 오염된 세상의 치료도 포함하는 전방위적인 치료입니다.

> 대하 7:14 | 내 이름으로 일컫는 내 백성이 그들의 악한 길에서 떠나 스스로 낮추고 기도하여 내 얼굴을 찾으면 내가 하늘에서 듣고 그들의 죄를 사하고 그들의 땅을 고칠지라

그런데 성경에서 언급되는 하나님의 치료는 대부분 기도와 밀접하게 연관되어있습니다. 아비멜렉의 집의 불임이 치유되는 곳에 아브라함의 기도가 있었고(창 20:17), 미리암의 나병의 치유에는 모세의 기도가 있었으며(민 12:13), 수넴 여인의 죽은 아들이 살아난 장면에서는 엘리사의 기도가 있었고(왕하 4:32-37), 히스기야가 죽을병에서 나음받았을 때에도 기도가 있었습니다(사 38:16). 하나님의 치료는 기도를 통하여 임하게 됩니다.

> 출 15:26 | 이르시되 너희가 너희 하나님 나 여호와(야훼)의 말을 들어 순종하고 내가 보기에 의를 행하며 내 계명에 귀를 기울이며 내 모든 규례를 지키면 내가 애굽 사람에게 내린 모든 질병 중 하나도 너희에게 내리지 아니하리니 나는 너희를 치료하는 여호와(야훼)임이라

성경은 하나님의 계명에 순종하며 의를 행하는 자에게 치료하시는 하나님을 보여준다고 약속합니다. 의심하면서 드리는 기도는 병든 자를 구원하지 못합니다. 따라서 기도할 때에는 믿고 기도해야 하고, 기도한 다음에는 받은 줄로 믿어야 합니다. 그리할 때 치료하시는 하나님의 능력을 경험하게 됩니다.

③ 영적 능력을 체험하게 된다.

> 막 9:29 | 이르시되 기도 외에 다른 것으로는 이런 종류가 나갈 수 없느니라 하시니라

예수님의 제자들은 예수님께 어찌하여 자신들은 능히 그 귀신을 쫓아내지 못하였는지 물었습니다. 그러자 예수님은 기도 외에 다른 것으로는 이런 종류가 나갈 수 없다고 말씀하시며 능력 행함에 있어서 기도가 얼마나 중요한 것인지를 지적하셨습니다.

> 눅 10:17 | 칠십 인이 기뻐하며 돌아와 이르되 주여 주의 이름이면 귀신들도 우리에게 항복하더이다

기도에는 하나님의 능력이 있습니다. 예수님의 이름으로 기도할 때에만 이러한 기사와 기적을 체험하게 됩니다. 예수님 이름의 능력을 의지하고 믿음으로 선포할 때 능력을 체험하게 됩니다. 실제로 제자들은 예수님의 가르침을 받아 그대로 행하자 놀라운 일들을 경험합니다.

> 요 16:23-24 | 그 날에는 너희가 아무 것도 내게 묻지 아니하리라 내가 진실로 진실로 너희에게 이르노니 너희가 무엇이든지 아버지께 구하는 것을 내 이름으로 주시리라 지금까지는 너희가 내 이름으로 아무 것도 구하지 아니하였으나 구하라 그리하면 받으리니 너희 기쁨이 충만하리라

이처럼 예수님의 이름으로 하는 기도에는 능력이 있습니다. 능력이 나타나는 것은 우리의 능력 때문이 아니라 예수님의 이름의 능력 때문이요, 우리의 기도를 듣고 예수님이 행하시기 때문입니다.

미국의 한 의과대학에서 수백 명의 수술 환자들을 대상으로 연구를 했는데, 6개월 후 아홉 명의 환자들이 사망했습니다. 이 결과를 분석해본 결과, 종교 생활을 전혀 하지 않는 사람들은 사망률이 20%였고, 온건한 정도의 종교 생활을 하는 사람들의 사망률은 5%, 매일 성서를 읽고 기도하는 등 매우 깊이 있고 지속적인 종교 생활을 해온 사람들은 사망률이 0%였습니다.

요약

PRAYER · THE · PASSAGE · TO · GRACE

기도는 하나님의 은혜와 능력을 경험하게 합니다.

1. 기도는 용서받는 은혜와 용서할 수 있는 은혜를 우리에게 허락해줍니다.
2. 기도는 영적 전쟁에서 가장 필요한 영적 무기입니다.
3. 기도는 영적인 세계와 육적인 세계 모두에 역사하는 능력이 있습니다.

묵상

1. 신유의 기적이 오늘날에도 일어날 수 있다고 진심으로 믿고 있습니까?
2. 내가 하고 있는 영적인 전쟁에는 무엇이 있는지 생각해봅시다.
3. 나는 지금 용서해야 할 사람을 위해 기도하고 있는지 생각해봅시다.

적용

1. 오늘도 하나님의 은혜를 경험하는 하루가 되게 해달라고 기도합시다.
2. 영적인 전쟁에서 승리할 수 있는 영적 군사가 되기 위해 말씀과 기도로 무장합시다.
3. 기도와 관련된 성경 구절들을 하루에 하나씩 암송해봅시다.

3) 삶의 문제를 해결받는다

빌 4:6 | 아무 것도 염려하지 말고 다만 모든 일에 기도와 간구로, 너희 구할 것을 감사함으로 하나님께 아뢰라

기도는 우리 인생의 문제를 해결하는 열쇠입니다. 따라서 문제를 만났을 때에 문제에 집중하기보다 문제보다 더 크신 하나님을 바라보고 기도해야 합니다. 기도를 통해 하나님은 우리의 필요를 채워주십니다. 영적인 문제도 해결해주시고, 육체의 질병도 치료해주시며, 삶의 모든 영역에서 형통을 경험하게 해주십니다. 모든 일에 기도와 간구와 감사함으로 하나님께 기도할 때 삶의 문제는 해결받게 됩니다.

눅 18:7-8 | 하물며 하나님께서 그 밤낮 부르짖는 택하신 자들의 원한을 풀어 주지 아니하시겠느냐 그들에게 오래 참으시겠느냐 내가 너희에게 이르노니 속히 그 원한을 풀어 주시리라 그러나 인자가 올 때에 세상에서 믿음을 보겠느냐 하시니라

기도의 응답은 부르짖는 자에게 주어집니다. 인생의 주관자 되시는 하나님을 온 마음으로 간절히 구하고 찾는 사람이 주님을 찾고 주님을 만날 수 있습니다. 주님을 만나게 되면 삶의 문제들은 자연히 해결됩니다.

(1) 가정 문제

① 관계 문제

가정은 하나님이 이 땅 위에 만드신 최초의 기관이요, 인간 삶의 가장 기본이 되는 장소입니다. 성경은 하나님이 만드신 최초의 사회요, 인간의 가장 기본적인 단위인 가정의 화목을 위해 가족 간의 관계에 대해서 말씀합니다.

> 엡 6:1-4 | 자녀들아 주 안에서 너희 부모에게 순종하라 이것이 옳으니라 네 아버지와 어머니를 공경하라 이것은 약속이 있는 첫 계명이니 이로써 네가 잘되고 땅에서 장수하리라 또 아비들아 너희 자녀를 노엽게 하지 말고 오직 주의 교훈과 훈계로 양육하라

세대 간의 갈등은 옛날이나 오늘이나 가정의 심각한 문제입니다. 그런데 자녀가 부모에게 순종하고, 부모가 자녀들을 노엽지 않게 양육할 수 있는 방법은 기도입니다. 부모가 가정에서 자연스럽게 권위를 세울 수 있는 방법은 자녀를 위해 기도하는 것입니다. 부모가 말로만 자녀를 교육하기보다는 자녀를 위해 눈물로 기도하는 모습을 보일 때 자녀들은 부모의 권위에 순종하게 됩니다. 오직 기도만이 부모와 자녀 사이의 관계를 화목하게 할 수 있습니다.

엡 5:24-25 | 그러므로 교회가 그리스도에게 하듯 아내들도 범사에 자기 남편에게 복종할지니라 남편들아 아내 사랑하기를 그리스도께서 교회를 사랑하시고 그 교회를 위하여 자신을 주심 같이 하라

세대 간의 문제뿐만 아니라 부부 사이의 문제에 대해서도 성경은 그리스도를 중심으로 문제를 해결하라고 말씀합니다. 가정의 화목을 위해서는 남편이나 아내나 그리스도와 연결되어있어야 하고, 그리스도의 마음을 품어야 합니다. 기도는 주님과의 관계를 말해주는 척도입니다. 주님과의 교제가 온전한 남편과 아내는 서로를 존중하고 사랑하게 됩니다. 왜냐하면 주님께서 중보자가 되시기 때문입니다.

② 고난의 문제

약 5:13 | 너희 중에 고난 당하는 자가 있느냐 그는 기도할 것이요 즐거워하는 자가 있느냐 그는 찬송할지니라

고난이 많은 개인이나 가정은 더욱 기도하여야 합니다. 야고보서 5장 13절은 고난 중에 있는 사람은 기도하라고 말씀하고 있습니다. 또한 예수님은 누가복음 18장 1절에서 "항상 기도하고 낙망치 말라" 라고 하시면서 나쁜 재판장에게 여러 번 간청하여 자신의 원한을 해결받은 과부의 이야기를 예로 들어 말씀하셨고, 하나님께서 그 자녀들의 부르짖음을 듣지 않으시겠느냐고 반문하셨습니다. 외롭고 고난 많은 개인이나 가정은

더욱 쉬지 말고 기도해야 합니다. 그리하면 하나님께서 고난과 불행을 이길 수 있는 힘을 주시고, 눈물이 변하여 기쁨이 되게 하실 것입니다.

> 롬 8:28 | 우리가 알거니와 하나님을 사랑하는 자 곧 그의 뜻대로 부르심을 입은 자들에게는 모든 것이 합력하여 선을 이루느니라

고난 중에도 우리가 기뻐하며 낙망하지 않고 기도할 수 있는 것은 하나님의 뜻대로 부르심을 입은 자들에게는 모든 것이 합력하여 선을 이루게 하시는 하나님을 믿기 때문이고, 현재의 고난은 장차 우리에게 나타날 영광과 비교할 수 없는 것임을 알기 때문입니다.

기도는 고난을 아름다운 영광으로 바꿔주는 통로가 됩니다. 기도하지 않으면 고난은 그저 절망으로만 끝나지만 기도하면 고난은 희망으로 변화됩니다. 기도와 함께하는 고난은 우리의 삶에 풍성한 의의 열매를 가져다줍니다. 그러므로 고난 가운데 우리가 취해야 할 바람직한 태도는 기도 외에는 없습니다.

> 약 5:17-18 | 엘리야는 우리와 성정이 같은 사람이로되 그가 비가 오지 않기를 간절히 기도한즉 삼 년 육 개월 동안 땅에 비가 오지 아니하고 다시 기도하니 하늘이 비를 주고 땅이 열매를 맺었느니라

(2) 건강 문제

① 영적 건강

> 살전 5:16-18 | 항상 기뻐하라 쉬지 말고 기도하라 범사에 감사하라 이
> 것이 그리스도 예수 안에서 너희를 향하신 하나님의 뜻이니라

인간의 신체는 건강에 이상이 있을 때에 신호를 보냅니다. 몸이 피곤해
지고, 계속 잠이 오고, 얼굴색이 변하는 등의 신호가 있다면 분명 몸의 건
강에 이상이 있는 것입니다. 그 신호를 계속적으로 무시하고, 검사를 받
지 않으면 결국 건강을 잃게 됩니다. 영적인 건강도 마찬가지입니다. 우
리의 신앙생활은 우리의 영적인 건강에 이상이 있는지 없는지 알려줍니
다. 기도는 영적 건강의 가늠자입니다. 이러므로 영적으로 건강한 삶을
원한다면 규칙적인 기도를 가져야 합니다.

② 육적 건강

> 마 15:30-31 | 큰 무리가 다리 저는 사람과 장애인과 맹인과 말 못하는
> 사람과 기타 여럿을 데리고 와서 예수의 발 앞에 앉히매 고쳐 주시니 말
> 못하는 사람이 말하고 장애인이 온전하게 되고 다리 저는 사람이 걸으
> 며 맹인이 보는 것을 무리가 보고 놀랍게 여겨 이스라엘의 하나님께 영
> 광을 돌리니라

성경이 말하는 질병의 원인은 다양합니다. 때로는 죄의 결과일 수도 있고, 사단의 역사일 수도 있고, 하나님의 영광을 나타내기 위함일 수도 있습니다. 비록 성경이 질병의 원인에 대해서는 여러 가지를 이야기하지만, 치료에 대해서는 공통적으로 기도를 언급하고 있습니다.

기도의 모범을 보이신 예수님도 병자들을 고치시기 전에 항상 기도의 시간을 가지셨습니다. 수많은 병자들이 예수님을 기다리고 있었을 때에도 예수님은 한적한 곳에서 기도하는 시간을 가지셨고, 그 후에야 병자들을 치유하는 사역을 하셨습니다.

마 8:16-17 | 저물매 사람들이 귀신 들린 자를 많이 데리고 예수께 오거늘 예수께서 말씀으로 귀신들을 쫓아 내시고 병든 자들을 다 고치시니 이는 선지자 이사야를 통하여 하신 말씀에 우리의 연약한 것을 친히 담당하시고 병을 짊어지셨도다 함을 이루려 하심이더라

예수님께서 연약한 것을 친히 담당하시고 병을 짊어지셨습니다. 그리고 이 땅에서 사역하실 때에도 수많은 사람들을 고치시고 늘 그들 곁에 계셨습니다. 따라서 우리도 예수님의 권세 있는 이름으로 기도해야 합니다. 우리가 기도할 때 하나님의 역사가 일어나고 성령의 권능으로 치유가 일어납니다.

배는 돛이 무거워도 그것으로 인해 항해하고, 기차는 엔진이 무거워도 그것으로 인해 질주하고, 비행기는 날개가 무거워도 그것으로 인해 날아갑니다. 어떤 사람이 시계에 달린 큰 추를 보고는 시계가 힘들어하니 추를 떼어두자고 했습니다. 그러나 그 추를 떼는 순간, 시계 바늘은 서고 말았습니다. 그렇습니다. 바로 이와 같이 성도들은 피곤하고 힘들어도 매일 기도해야 살수 있습니다. 성도는 기도의 힘으로 살아가기 때문입니다.

기도는 삶의 문제를 해결해줍니다.

1. 아무것도 염려하지 말고 다만 모든 일에 기도와 간구로 구할 것을 감사함으로 하나님께 기도하면 하나님의 평강이 주어집니다.
2. 기도는 관계의 문제나 고난의 문제를 해결하는 지름길이 됩니다.
3. 기도는 영적인 건강과 육적인 건강 상태를 말해주는 체크 포인트입니다.

1. 모든 것이 합력하여 선을 이루었던 경험을 생각해봅시다.
2. 예수님 사역의 우선순위는 기도였습니다. 우리의 우선순위도 기도입니까?
3. 나의 영적인 상태를 건강하게 유지하기 위해 어떤 것이 필요한지 생각해봅시다.

적용

1. 매일매일 일과를 시작하기 전에 사람들과의 관계를 잘 맺을 수 있도록 하나님께 기도하는 시간을 갖습니다.
2. 고난 중에는 기도를, 기쁨 중에는 찬송을 올려드려 살 수 있도록 하나님의 인도하심을 간구합시다.
3. 로마서 8장 28절의 말씀을 하루 동안 암송하고 묵상합시다.

6 CHAPTER

기도의 응답
Prayer, the Passage to Grace

성도라면 누구나 '어떻게 하면 나의 기도가 하나님께로부터 응답받을 수 있을까?'라는 질문을 할 것입니다. 기도 응답의 비결은 복잡하지 않습니다. 무엇보다 하나님과 친밀한 영적 교제가 열려있어야 합니다. 하나님께서 기도에 응답하실 때는 우리가 구한 것을 그대로 주시기도 하고 때로는 응답을 허락하시지 않거나 지연하시기도 합니다. 이렇듯 어떤 형태이든지 하나님께서는 자녀들의 기도에 신실하게 응답하십니다. 하나님께서는 모든 기도를 하나님의 주권에 따라 자녀들이 가장 큰 유익을 얻을 수 있도록 합당하게 응답해주십니다. 그런데 하나님께서 듣지 않으시는 경우가 있습니다. 그것은 하나님의 말씀에 순종하지도 않고 형제자매와 불화하고 다투면서 자신의 이기적 욕심과 유익을 위해 기도하는 경우입니다. 이제 기도 응답과 관련된 내용을 자세히 공부해보도록 하겠습니다.

1) 기도 응답의 비결

(1) 예수 그리스도의 이름으로

① 예수님 이름의 권세로 기도합니다.

> 행 16:18 | 이같이 여러 날을 하는지라 바울이 심히 괴로워하여 돌이켜
> 그 귀신에게 이르되 예수 그리스도의 이름으로 내가 네게 명하노니 그
> 에게서 나오라 하니 귀신이 즉시 나오니라

사도 바울의 능력은 예수 그리스도의 이름으로 선포했을 때 나타났습니다. 이와 같이 예수님의 이름은 우리가 하나님 앞에 나아가 담대히 아뢸 수 있는 권세와 특권을 우리에게 부여합니다. 모든 일을 주님의 이름으로 행할 때 하나님께 영광 돌릴 수 있으며, 모든 것을 주님의 이름으로 구할 때 응답받을 수 있습니다.

② 하나님께서 응답하실 것을 믿습니다.

> 요 15:7 | 너희가 내 안에 거하고 내 말이 너희 안에 거하면 무엇이든지
> 원하는 대로 구하라 그리하면 이루리라

우리는 예수님의 대속의 은혜로 구원받고 하나님의 자녀가 되었습니다. 우리는 예수님 안에서 하나님의 자녀로서 하나님께 구하고 응답받을 수 있습니다. 하나님께서는 응답의 증거로 우리 마음에 기쁨을 충만하게 채워주십니다.

(2) 믿음으로

① 응답하실 것을 믿고 기도합니다.

> 마 21:22 | 너희가 기도할 때에 무엇이든지 믿고 구하는 것은 다 받으리라 하시니라

예수님께서는 우리에게 기도 응답의 가장 중요한 비결을 가르쳐주셨습니다. 그것은 '믿음'으로 하는 기도입니다. 하나님께서 살아계시며, 그 하나님이 우리 기도에 응답하신다는 사실을 믿고 기도해야 합니다.

② 하나님을 신뢰합니다.

> 약 1:6-7 | 오직 믿음으로 구하고 조금도 의심하지 말라 의심하는 자는 마치 바람에 밀려 요동하는 바다 물결 같으니 이런 사람은 무엇이든지 주께 얻기를 생각하지 말라

기도는 나의 필요나 소원을 반복적으로 비는 것이 아닙니다. 그와 같은 기도는 기도의 대상이 누구인지에는 관심이 없고 소원 성취에만 초점이 맞춰져있습니다. 인격적인 하나님의 존재와 선하신 뜻을 믿고 기도하며 하나님과 인격적으로 교제하는 가운데, 기도 응답을 받게 됩니다.

③ 하나님의 약속을 믿습니다.

롬 4:18-20 │ 아브라함이 바랄 수 없는 중에 바라고 믿었으니 이는 네 후손이 이같으리라 하신 말씀대로 많은 민족의 조상이 되게 하려 하심이라 그가 백 세나 되어 자기 몸이 죽은 것 같고 사라의 태가 죽은 것 같음을 알고도 믿음이 약하여지지 아니하고 믿음이 없어 하나님의 약속을 의심하지 않고 믿음으로 견고하여져서 하나님께 영광을 돌리며

믿음은 하나님의 약속의 말씀을 신뢰하는 데서 옵니다. 우리는 인간적인 확신이 아니라 하나님의 약속의 말씀을 믿음으로써 응답의 역사를 체험하게 됩니다.

④ 목표를 뚜렷하게 정해야 합니다.

마 20:32-34 │ 예수께서 머물러 서서 그들을 불러 이르시되 너희에게 무엇을 하여 주기를 원하느냐 이르되 주여 우리의 눈 뜨기를 원하나이다 예수께서 불쌍히 여기사 그들의 눈을 만지시니 곧 보게 되어 그들이

마태복음에 나오는 맹인들에게는 눈을 떠야 한다는 분명한 목표가 있었습니다. 분명한 목표가 있었기에 예수님을 간절히 찾을 수 있었고, 응답을 받을 수 있었습니다. 이처럼 뚜렷한 목표는 기도에서 매우 중요합니다. 목표가 뚜렷하지 않으면 쉽게 기도하기를 포기해버리거나 기도한 것을 잊어버리고 맙니다. 그만큼 응답과 멀어지게 됩니다.

자신이 무엇을 위해 기도해야 하는지 명확하게 정리해야 합니다. 가능하면 기록으로 남기는 것이 좋습니다. 과녁을 정조준할 때 화살이 정확히 꽂히듯이, 뚜렷한 기도의 목표가 응답으로 연결됩니다.

(3) 성령 안에서

① 무시로 기도합니다.

> 엡 6:18 | 모든 기도와 간구를 하되 항상 성령 안에서 기도하고 이를 위하여 깨어 구하기를 항상 힘쓰며 여러 성도를 위하여 구하라

'항상 성령 안에서' 기도하는 것은 간헐적으로 기도하는 것이 아니라 매 순간 하나님의 임재 안에서 기도하는 것을 말합니다. 즉, 어떤 일을 하든지 하나님의 임재 안에서 기도하며 행해야 하는 것입니다. 성령께서

는 우리가 모든 일에 있어 하나님의 임재 의식을 가지고 기도와 함께 행하도록 도우십니다.

② 성령님은 연약함을 도우십니다.

롬 8:26 | 이와 같이 성령도 우리의 연약함을 도우시나니 우리는 마땅히 기도할 바를 알지 못하나 오직 성령이 말할 수 없는 탄식으로 우리를 위하여 친히 간구하시느니라

우리는 하나님의 뜻과 달리 인간적 동기에서 나의 욕심을 채우려고 기도할 때가 있습니다. 성령께서는 우리의 마음 문을 밝혀 하나님의 뜻에 합당한 소망과 방향으로 기도하도록 도우십니다.

③ 성령님은 영적 싸움을 도우십니다.

엡 6:12 | 우리의 씨름은 혈과 육을 상대하는 것이 아니요 통치자들과 권세들과 이 어둠의 세상 주관자들과 하늘에 있는 악의 영들을 상대함이라

성도는 구원받은 그 순간부터 거룩해지는 영적 전쟁을 시작합니다. 마귀는 우리의 죄악 된 옛 습관을 통해 우리를 죄의 길로 끌어가기 위해 맹렬하게 공격합니다. 기도는 이 같은 영적 전쟁에서 하나님의 능력을 공급

받는 통로가 됩니다. 성령께서는 우리의 기도를 도우셔서 영적 전쟁에서 승리하게 하십니다.

④ 성령님은 하나님의 뜻을 알게 하십니다.

> 고전 2:9-10 | 기록된 바 하나님이 자기를 사랑하는 자들을 위하여 예비하신 모든 것은 눈으로 보지 못하고 귀로 듣지 못하고 사람의 마음으로 생각하지도 못하였다 함과 같으니라 오직 하나님이 성령으로 이것을 우리에게 보이셨으니 성령은 모든 것 곧 하나님의 깊은 것까지도 통달하시느니라

성령은 하나님의 영이시므로 하나님의 뜻과 의도를 완전하게 아시는 분입니다. 성령께서는 우리가 기도할 때 하나님의 생각과 뜻을 알려주십니다.

(4) 정결한 마음으로

① 죄를 제거해야 합니다.

> 대하 7:14 | 내 이름으로 일컫는 내 백성이 그들의 악한 길에서 떠나 스스로 낮추고 기도하여 내 얼굴을 찾으면 내가 하늘에서 듣고 그들의 죄

를 사하고 그들의 땅을 고칠지라

죄는 하나님과 인간 사이를 가로막습니다. 회개하고 하나님과의 관계가 회복되어야 하나님께서 기도를 들으십니다. 우리가 기도에 응답받으려면 죄의 장애물을 제거하고 하나님과 바른 관계, 화목한 관계를 회복하는 것이 우선입니다.

② 위선을 버려야 합니다.

> 마 6:5 | 또 너희는 기도할 때에 외식하는 자와 같이 하지 말라 그들은 사람에게 보이려고 회당과 큰 거리 어귀에 서서 기도하기를 좋아하느니라 내가 진실로 너희에게 이르노니 그들은 자기 상을 이미 받았느니라

예수님 당시 종교 지도자였던 바리새인들은 율법과 형식에만 얽매여 하나님께 대한 내적인 진실과 의로움이 부족했습니다. 이들은 사람들이 보는 데서 기도하면서 기도를 자신들의 의를 드러내는 수단으로 이용했습니다. 하나님께서는 이 같은 겉과 속이 다른 위선적인 기도를 듣지 않으십니다.

③ 정욕을 버려야 합니다.

> 약 4:1-3 | 너희 중에 싸움이 어디로부터 다툼이 어디로부터 나느냐 너

희 지체 중에서 싸우는 정욕으로부터 나는 것이 아니냐 너희는 욕심을 내어도 얻지 못하여 살인하며 시기하여도 능히 취하지 못하므로 다투고 싸우는도다 너희가 얻지 못함은 구하지 아니하기 때문이요 구하여도 받지 못함은 정욕으로 쓰려고 잘못 구하기 때문이라

우리가 자기만족과 자신의 이익만을 생각하고 다른 성도들과 다투면서 하나님께 기도 응답을 구한다는 것은 어불성설입니다. 하나님을 사랑하고 이웃을 사랑하며 믿음으로 살기 위한 기도를 드릴 때 하나님께서 응답해주시고 우리가 구하지 않은 것까지도 주십니다.

(5) 간절함으로

① 부르짖어 기도합니다.

렘 29:12-13 | 너희가 내게 부르짖으며 내게 와서 기도하면 내가 너희들의 기도를 들을 것이요 너희가 온 마음으로 나를 구하면 나를 찾을 것이요 나를 만나리라

하나님께서 비록 징계를 내리셨다 해도 자신의 백성을 향한 생각은 평안과 희망의 미래입니다(렘 29:11). 곤란한 때에 하나님께 간절히 부르짖으며 온 마음을 다해 하나님을 찾으면 하나님께서 기도를 들으시고 응답

해주십니다.

② 하나님을 간절히 찾습니다.

> 시 63:1 │ 하나님이여 주는 나의 하나님이시라 내가 간절히 주를 찾되
> 물이 없어 마르고 황폐한 땅에서 내 영혼이 주를 갈망하며 내 육체가 주
> 를 앙모하나이다

우리는 기도할 때, 마치 사막에서 헤매는 사람이 필사적으로 생수를 구하는 것과 같은 영혼의 갈급함을 가져야 합니다. 우리가 하나님의 임재와 하나님의 은혜를 갈구하며 기도로 나아갈 때 하나님이 공급하시는 영혼의 생수로 만족하게 됩니다.

③ 간절히 중보기도합니다.

> 시 99:6 │ 그의 제사장들 중에는 모세와 아론이 있고 그의 이름을 부르
> 는 자들 중에는 사무엘이 있도다 그들이 여호와(야훼)께 간구하매 응답
> 하셨도다

하나님께서는 때로 우리 자신과 관련된 기도보다 타인을 위한 간절한 중보기도에 응답하십니다.

④ 진실하게 기도합니다.

> 시 145:18–19 | 여호와(야훼)께서는 자기에게 간구하는 모든 자 곧 진실
> 하게 간구하는 모든 자에게 가까이 하시는도다 그는 자기를 경외하는
> 자들의 소원을 이루시며 또 그들의 부르짖음을 들으사 구원하시리로다

하나님께 간구할 때는 진실한 마음으로 부르짖어야 합니다. 곧 거짓
없는 경외심을 가지고 정직한 마음으로 하나님께 간구할 때 하나님의 응
답이 임합니다.

『왕처럼 기도하라』에 보면 중앙아프리카에서 일했던 한 의사가 쓴 이야기가 나옵니다. 어느 날 그는 한 산모를 구하기 위해 온갖 애를 썼음에도 불구하고 산모는 조그마한 미숙아를 낳고 죽었습니다. 적도 지방은 밤이 되면 외풍이 세서 꽤 쌀쌀한 날씨이기 때문에 인큐베이터가 절실히 필요했지만 상황은 그렇지 못했습니다. 그래서 불을 지피고 핫팩에 뜨거운 물을 채워 아이를 보호하려고 했는데 마지막 남은 핫팩이 그만 물을 넣다가 터져버리고 말았습니다. 열대 기후에서는 고무 제품들이 쉽게 터지기 때문입니다. 할 수 없이 안전하게 불 가까이에 아기를 놓고 그 주변에서 잠을 자며 외풍을 최대한 막았습니다.

다음날 오후 고아원 아이들과 기도하는 시간이 있어 그는 핫팩이 터져버린 일과 아이가 추우면 쉽게 죽을 수도 있음을 말하며 어제 태어난 아기를 위해 기도해달라고 부탁했습니다. 모두가 기도하는 시간에 열 살짜리 소녀인 루스가 여느 때처럼 간단한 기도를 했습니다.

"하나님, 저희에게 제발 핫팩을 보내주세요. 내일이면 소용없답니다. 아이가 죽을 테니까요. 그러니 제발 오늘 오후에 핫팩을 보내주세요."

그는 속으로 '이 담대한 기도가 과연 소용이 있을까? 응답될까?' 하고 생각하는 동안에 루스는 기도를 계속 이어갔습니다.

"그리고 핫팩을 보내주실 때 어린 소녀가 하나님의 사랑을 정말로 느낄 수 있도록 인형도 하나 보내주시겠어요?"

그는 솔직히 "아멘"이라고 말할 수 없었습니다. 하나님이 그 일을 하시리라고 믿지 않았기 때문입니다. 하나님이 못하시는 일이 없음은 성경을 통해 배웠지만 엄연히 한계라는 게 있다고 생각했습니다. 하나님이 이 특별한 기도에 응답하실 수 있는 유일한 방법은 그의 고향에서 소포가 오는 길뿐입니다. 하지만 상황은 4년 동안 아프리카에 있는 동안에 고향에서 소포 하나 받은 적이 없었습니다.

그날 오후 집에 돌아왔을 때 베란다에 10킬로그램짜리 커다란 소포가 놓여 있었습니다. 그 순간 그는 너무 놀라 같이 기도했던 고아원 아이들 30-40명을 불렀습니다. 떨리는 손으로 상자를 열었습니다. 상자 속에는 셔츠들과 나병환자들을 위한 붕대, 건포도 상자 등이 나왔습니다. 아이들은 조금 실망한듯했습니다. 그때 바닥에서 그가 무언가를 발견하고 그것을 꺼냈을 때 모두 기쁨의 탄성을 질렀습니다. 그것은 새 고무 핫팩이었습니다. 이것을 지켜보고 있던 루스가 소리쳤습니다.

"하나님이 핫팩을 보내주셨다면 분명히 인형도 보내주셨을 거예요!"

루스의 말처럼 예쁜 옷을 입고 있는 작은 인형이 상자 맨 바닥에 들어있었습니다. 루스는 전혀 의심하지 않았던 것입니다! 아이는 그를 바라보며 말했습니다.

"선생님과 함께 가서 이 인형을 어린 소녀에게 줘도 될까요? 그러면 그 아이는 예수님이 자기를 정말로 사랑하신다는 것을 알 거예요."

그 소포가 도착하기까지는 총 다섯 달이 걸렸습니다. 그가 전에 맡았던 주일학교 부장이 적도이지만 핫팩을 보내라는 하나님의 음성을 듣고 순종하여 싼 소포였습니다. '그날 오후'에 열 살짜리 아이가 드린 믿음의 기도에 응답하기 위해 그곳 여학생들 가운데 한 명이 아프리카 어린이를 위해 인형 하나를 상자에 집어넣었습니다. 그것도 다섯 달 전에 말입니다.

요약

기도 응답의 비결

1. 예수님의 이름으로 기도해야 합니다. 예수님의 이름을 의지할 때, 우리는 하나님의 아들의 권세와 특권을 가지고 하나님 자녀의 자격으로 기도하는 것입니다.
2. 믿음을 가지고 성령 안에서 기도해야 합니다. 살아계신 하나님께서 우리의 기도에 응답하신다는 사실을 믿고 성령의 도우심 가운데 기도할 때 하나님의 응답을 체험합니다.
3. 정결한 마음으로 간절히 기도해야 합니다. 우리의 마음과 행동의 죄악을 버리고 정결한 마음으로 온 마음을 다해 기도할 때, 기도의 응답이 임합니다.

묵상

1. 기도 응답의 가장 중요한 토대는 '예수님의 이름'으로 기도하는 것입니다. 우리가 예수님의 이름으로 기도한다는 것은 어떤 의미를 가질까요?
2. 우리가 '믿고 기도한다'고 할 때 무엇을, 어떻게 믿는 것인지 생각해봅시다.
3. 죄가 어떻게 우리의 기도 응답을 방해하는지 생각해봅시다.

적용

1. 오늘 당신의 삶 속에서 해결하기 원하는 문제를 놓고, '예수님의 이름'으로 담대히 구해봅시다.
2. 당신에게 있는 가장 어려운 문제를 내놓고, 하나님의 선하심과 능력을 온전히 믿고 기도해봅시다.
3. 하나님과의 친밀한 관계를 방해하는 죄가 있는지 질문해보십시오. 그다음 그 죄를 하나님 앞에서 벗어던지고 하나님 앞으로 나아가십시오.

2) 기도 응답의 유형

(1) 좋다(Yes)

① 신속하게 응답하십니다.

> 왕하 20:2-3 | 히스기야가 낯을 벽으로 향하고 여호와(야훼)께 기도하여
> 이르되 여호와(야훼)여 구하오니 내가 진실과 전심으로 주 앞에 행하며
> 주께서 보시기에 선하게 행한 것을 기억하옵소서 하고 히스기야가 심히
> 통곡하더라

하나님께서는 때로 우리의 기도가 끝나자마자 신속하게 응답하실 때
가 있습니다. 평상시에 하나님께 꾸준히 기도하고 하나님의 뜻대로 살려
고 힘써 행했던 사람에게 이 같은 은혜가 임합니다.

② 부르짖는 기도에 응답하십니다.

> 렘 33:2-3 | 일을 행하시는 여호와(야훼), 그것을 만들며 성취하시는 여호
> 와(야훼), 그의 이름을 여호와(야훼)라 하는 이가 이와 같이 이르시도다 너
> 는 내게 부르짖으라 내가 네게 응답하겠고 네가 알지 못하는 크고 은밀한
> 일을 네게 보이리라

하나님께서는 하나님과의 대화, 영적 교통을 위한 일상적이고 규칙적인 기도 외에도 우리가 부르짖고 간구할 때 불가능하다고 생각한 일들에 기적의 역사로 응답하십니다.

③ 표적과 함께 응답하십니다.

왕상 18:37-38 | 여호와(야훼)여 내게 응답하옵소서 내게 응답하옵소서 이 백성에게 주 여호와(야훼)는 하나님이신 것과 주는 그들의 마음을 되돌이키심을 알게 하옵소서 하매 이에 여호와(야훼)의 불이 내려서 번제물과 나무와 돌과 흙을 태우고 또 도랑의 물을 핥은지라

하나님께서는 표적과 기적을 수반하여 응답하심으로써, 하나님의 능력을 보이시고 우리의 믿음에 확신을 더해주십니다.

④ 합심하여 드린 기도에 응답하십니다.

행 12:5-7 | 이에 베드로는 옥에 갇혔고 교회는 그를 위하여 간절히 하나님께 기도하더라 헤롯이 잡아 내려고 하는 그 전날 밤에 베드로가 두 군인 틈에서 두 쇠사슬에 매여 누워 자는데 파수꾼들이 문 밖에서 옥을 지키더니 홀연히 주의 사자가 나타나매 옥중에 광채가 빛나며 또 베드로의 옆구리를 쳐 깨워 이르되 급히 일어나라 하니 쇠사슬이 그 손에서 벗어지더라

하나님께서는 성도들이 형제자매를 위해, 주의 종을 위해, 교회를 위해 함께 모여 합심으로 기도할 때 놀라운 기적의 역사로 응답하십니다.

⑤ 믿음의 기도에 응답하십니다.

> 약 5:15-16 | 믿음의 기도는 병든 자를 구원하리니 주께서 그를 일으키시리라 혹시 죄를 범하였을지라도 사하심을 받으리라 그러므로 너희 죄를 서로 고백하며 병이 낫기를 위하여 서로 기도하라 의인의 간구는 역사하는 힘이 큼이니라

하나님의 능력과 선하심을 순전하게 믿고 기도할 때 죄의 용서는 물론 신유의 역사를 체험할 수 있습니다. 하나님께서는 아브라함의 믿음을 의롭게 보신 것처럼, 하나님의 자녀가 하나님의 능력과 선하심을 믿고 기도할 때 병을 고쳐주시고 삶을 회복시켜주십니다.

(2) 아니다(No)

① 기도한 내용과 반대로 응답하십니다.

> 왕상 19:4 | 자기 자신은 광야로 들어가 하룻길쯤 가서 한 로뎀 나무 아래에 앉아서 자기가 죽기를 원하여 이르되 여호와(야훼)여 넉넉하오니 지금

내 생명을 거두시옵소서 나는 내 조상들보다 낫지 못하니이다 하고

엘리야 선지자는 바알 숭배자들과 대적하고 그들을 처단한 후에 극도의 피로와 스트레스로 인해 낙심하고 하나님께 죽기를 구하였습니다. 하나님께서는 그가 구한 대로 그의 생명을 거두신 것이 아니라 천사를 보내어 그의 몸과 마음에 쉼을 주시고 기운을 차리게 하셨습니다. 하나님께서는 우리가 마음과 육신이 약해져서 하나님의 뜻에 합당하지 않게 구할 때 '아니다'라고 말씀하십니다.

② 합력하여 선을 이루십니다.

롬 8:28 | 우리가 알거니와 하나님을 사랑하는 자 곧 그의 뜻대로 부르심을 입은 자들에게는 모든 것이 합력하여 선을 이루느니라

우리 안에 내주하시는 성령께서는 하나님의 뜻을 아실 뿐 아니라 우리의 속사정을 다 아셔서 우리를 위해 친히 간구해주십니다. 우리가 하나님의 뜻대로 구하지 못할 때 응답이 없는 것 같지만 실제로는 성령께서 우리를 위해 간구해주심으로 가장 좋은 것으로 하나님의 응답이 나타납니다.

③ 응답되지 않은 것이 하나님의 은혜인 경우가 있습니다.

고후 12:7-9 | 여러 계시를 받은 것이 지극히 크므로 너무 자만하지 않

게 하시려고 내 육체에 가시 곧 사탄의 사자를 주셨으니 이는 나를 쳐

서 너무 자만하지 않게 하려 하심이라 이것이 내게서 떠나가게 하기 위

하여 내가 세 번 주께 간구하였더니 나에게 이르시기를 내 은혜가 네게

족하도다 이는 내 능력이 약한 데서 온전하여짐이라 하신지라 그러므로

도리어 크게 기뻐함으로 나의 여러 약한 것들에 대하여 자랑하리니 이

는 그리스도의 능력이 내게 머물게 하려 함이라

사도 바울이 자신의 몸에 있는 질병을 고쳐달라고 세 번이나 간구하였
지만 하나님께서는 응답하시지 않았습니다. 왜냐하면 하나님께서는 바
울이 하나님의 사람으로서 오직 하나님만 의지하며 겸손히 사역하기를
원하셨기 때문입니다. 하나님께서는 우리가 육신적 축복을 구했지만 더
큰 영적 축복을 주시기 위해 응답하지 않으실 때가 있습니다.

④ 하나님의 주권을 보여줍니다.

대상 28:2-3 | 이에 다윗 왕이 일어서서 이르되 나의 형제들, 나의 백성

들아 내 말을 들으라 나는 여호와(야훼)의 언약궤 곧 우리 하나님의 발

판을 봉안할 성전을 건축할 마음이 있어서 건축할 재료를 준비하였으나

하나님이 내게 이르시되 너는 전쟁을 많이 한 사람이라 피를 많이 흘렸

으니 내 이름을 위하여 성전을 건축하지 못하리라 하셨느니라

위의 다윗의 기도와 같이 하나님을 위한 소원이라 할지라도 응답하시지 않을 때가 있습니다. 이는 우리의 소원을 따라 하나님께서 응답하시는 것이 아니라, 하나님께서 주권적으로 자신의 뜻에 따라 응답하신다는 것을 보여줍니다.

(3) 기다리라(Wait)

① 인내의 훈련인 경우

> 히 6:13-15 | 하나님이 아브라함에게 약속하실 때에 가리켜 맹세할 자가 자기보다 더 큰 이가 없으므로 자기를 가리켜 맹세하여 이르시되 내가 반드시 너에게 복 주고 복 주며 너를 번성하게 하고 번성하게 하리라 하셨더니 그가 이같이 오래 참아 약속을 받았느니라

하나님께서 기도 응답을 천천히 주시는 것은 하나님을 의지하고 하나님의 선하심과 신실하심을 믿고 인내하게 하시기 위함입니다.

② 믿음의 시험인 경우

> 마 15: 25-28 | 여자가 와서 예수께 절하며 이르되 주여 저를 도우소서 대답하여 이르시되 자녀의 떡을 취하여 개들에게 던짐이 마땅하지 아니

하니라 여자가 이르되 주여 옳소이다마는 개들도 제 주인의 상에서 떨어지는 부스러기를 먹나이다 하니 이에 예수께서 대답하여 이르시되 여자여 네 믿음이 크도다 네 소원대로 되리라 하시니 그 때로부터 그의 딸이 나으니라

하나님께서는 우리가 더 낮아지고, 더 굳센 믿음을 갖게 하시려고 기도 응답을 지연하시는 경우가 있습니다.

③ 하나님의 때가 아직 이르지 않은 경우

전 3:1 | 범사에 기한이 있고 천하 만사가 다 때가 있나니

하나님께서는 우리의 모든 기도가 '하나님의 때'에 이루어지게 하십니다. 인간의 눈으로 볼 때 '하나님의 때'가 긴 시간인 것 같지만 사실은 가장 적합한 '최선의 때'입니다.

조니 에릭슨 타다(Joni Eareckson Tada)라는 여고생이 있었습니다. 만능 운동선수였던 그녀는 해변에 수영하러 갔다가 사고를 당했습니다. 다이빙 대에 올라가서 뛰어내렸는데 그 순간 정신을 잠깐 잃었습니다. 그런데 물이 깊지 않아 그만 머리가 모래에 박혔습니다. 앰뷸런스에 실려 병원으로 가는데 정신은 말짱했지만 목 아래로 손 하나 까딱할 수가 없었습니다. 그녀는 병원으로 실려가면서 시편 23편을 계속 암송했습니다. 중환자실에 들어간 그녀는 매일 사람이 죽어나가는 상황 속에서도 주님을 붙잡고 믿음으로 이겨냈습니다. 중환자실에서 나온 뒤에 재활 훈련을 받고 휠체어를 타고 움직일 수 있게 되었습니다. 그러나 목 위로만 움직일 수 있었기 때문에 입에다가 펜을 물고 그림을 그리고, 글을 썼습니다. 이러한 상황 가운데서도 낙심하지 않고, 그녀는 펜을 물고 그림을 그릴 수 있는 재능으로 자신의 꿈을 펼쳐나갔으며 많은 사람들에게 희망을 전했습니다. 그리고 휠체어를 타고 다니면서 자기처럼 고난당하는 사람들에게 복음을 전하고 하나님의 위로와 소망을 전했습니다. 그녀는 자신의 책 서문에서 이런 고백을 합니다. "그림 그리는 일과 가족 그리고 친구들의 도움은 나를 완전히 절망에서 끌어내어 주었습니다. 이 휠체어 인생으로부터 무엇보다도 먼저 감사받으셔야 할 분은 하나님이십니다. 하나님은 인생의 참된 의미를 깨닫도록 도와주셨습니다."

하나님께서 우리의 기도에 다음과 같이 세 가지 경우로 응답하십니다.

1. 하나님께서는 '좋다'(Yes)라고 응답하십니다. 때로는 기도가 끝나자마자 신속하게 응답하실 때가 있고, 때로는 간절히 부르짖고 기도할 때, 또 합심하여 중보기도할 때 그 기도에 응답하십니다.

2. 하나님께서는 '아니다'(No)라고 응답하십니다. 하나님께서는 때로 내가 기도한 것과 반대로 되게 하시거나 나의 기도에 응답하시지 않습니다. 그러나 이는 더 큰 축복을 주시려는 하나님의 주권적 뜻에 따라 행하시는 일입니다.

3. 하나님께서는 '기다리라'(Wait)라고 응답하십니다. 하나님께서는 우리의 인내와 믿음을 훈련하시려고 기도 응답을 지연하시는 경우가 있습니다. 하나님의 응답의 때는 인간의 눈으로 볼 때는 기다림의 시간이지만 하나님의 눈으로 볼 때는 가장 적합한 하나님의 때입니다.

1. 하나님께서 '좋다'라고 응답하시는 기도는 어떤 것인지 생각해봅시다.
2. 하나님께서 '아니다'라고 응답하실 때 어떻게 반응해야 할 것인지 생각해봅시다.
3. 하나님께서 '기다리라'고 할 때 어떻게 해야 할 것인지 생각해봅시다.

적용

1. 자신의 개인 문제뿐 아니라 공동체를 위해 다른 성도들과 합심으로 기도해봅시다.
2. 하나님께서 '아니다'라고 응답하셨을 때 믿음으로 순종합시다.
3. '하나님의 때'를 기다리며 믿음과 인내로 나아갑시다.

3) 기도 응답이 오지 않는 경우

(1) 정욕으로 구하는 기도

① 이기심

> 슥 7:13 | 내가 불러도 그들이 듣지 아니한 것처럼 그들이 불러도 내가
> 듣지 아니하리라 만군의 여호와(야훼)가 말하였느니라

인간들에게는 죄의 본성이 남아있기 때문에 본능적으로 타인보다는 자신의 이익을 먼저 생각합니다. 이러한 인간의 본성은 기도에도 그대로 나타나, 많은 사람들이 이기적인 동기로 기도의 자리에 나아가곤 합니다. 그러나 이러한 이기심에서 비롯된 기도는 응답으로 이어지는 경우가 많지 않습니다. 그보다 하나님의 영광을 위한 기도, 이웃을 섬기기 위한 기도를 드릴 때 응답에 한걸음 더 가까이 다가갈 수 있습니다.

② 의심과 불신앙의 죄

> 사 59:1-2 | 여호와(야훼)의 손이 짧아 구원하지 못하심도 아니요 귀가
> 둔하여 듣지 못하심도 아니라 오직 너희 죄악이 너희와 너희 하나님 사
> 이를 갈라 놓았고 너희 죄가 그의 얼굴을 가리어서 너희에게서 듣지 않

으시게 함이니라

하나님께서 우리의 문제를 해결해주실 능력이 없으시거나 무관심해서 기도가 응답되지 않는 것이 아닙니다. 우리의 의심과 불신앙의 죄 때문에 하나님과 우리 사이의 관계가 막혀서 응답이 오지 않는 것입니다.

③ 탐심

> 눅 12:15 | 그들에게 이르시되 삼가 모든 탐심을 물리치라 사람의 생명
> 이 그 소유의 넉넉한 데 있지 아니하니라 하시고

탐심은 만족함이 없는 욕심을 말합니다. 하나님께서 허락하신 축복의 분량에 만족하지 않고 재물에 대한 욕심을 가지고 기도한다면 응답받을 수 없습니다.

(2) 하나님의 말씀에 어긋남

① 고의적인 죄

> 요일 1:9-10 | 만일 우리가 우리 죄를 자백하면 그는 미쁘시고 의로우사
> 우리 죄를 사하시며 우리를 모든 불의에서 깨끗하게 하실 것이요 만일

우리가 범죄하지 아니하였다 하면 하나님을 거짓말하는 이로 만드는 것
이니 또한 그의 말씀이 우리 속에 있지 아니하니라

하나님 앞에서 겸손히 자신이 죄인인 것을 깨닫고 그리스도 보혈의 은
혜로 나아가는 사람에게 기도 응답이 있습니다. 자신의 의, 자신의 공로
를 나타내는 사람은 하나님의 은혜를 받을 수 없습니다.

② 하나님의 말씀을 거역함

잠 28:9 | 사람이 귀를 돌려 율법을 듣지 아니하면 그의 기도도 가증하
니라

하나님의 말씀을 무시하고 거역하는 것은 기도 응답의 큰 장벽이 됩니
다. 우리가 하나님의 말씀에 순종하는 삶을 살지 않는다면 하나님께서
는 우리의 기도를 듣지 않으십니다.

③ 교만

벧전 5:5 | 젊은 자들아 이와 같이 장로들에게 순종하고 다 서로 겸손으
로 허리를 동이라 하나님은 교만한 자를 대적하시되 겸손한 자들에게는
은혜를 주시느니라

하나님께서는 교만한 사람을 미워하시기 때문에, 하나님보다 자신을 내세우고 사람들로부터 인정받기를 원하는 사람의 기도는 응답하시지 않습니다.

④ 하나님의 뜻에 어긋남

> 요일 5:14 | 그를 향하여 우리가 가진 바 담대함이 이것이니 그의 뜻대로 무엇을 구하면 들으심이라

무조건 믿고 구하면 하나님께서 응답하시는 것이 아닙니다. 하나님의 뜻과 하나님의 말씀에 합당한 것을 구하는 기도가 응답받습니다. 하나님의 약속의 말씀을 의지하고 순종하지 않는다면 하나님의 응답을 기대할 수 없습니다.

(3) 화목하지 못한 상태의 기도

① 가정의 불화

> 벧전 3:7 | 남편들아 이와 같이 지식을 따라 너희 아내와 동거하고 그를 더 연약한 그릇이요 또 생명의 은혜를 함께 이어받을 자로 알아 귀히 여기라 이는 너희 기도가 막히지 아니하게 하려 함이라

'막히다'라는 말은 '길을 파헤쳐 군대가 대로를 통과할 수 없게 만든다'라는 의미를 내포합니다. 아내와 남편이 서로 화목하지 않으면 마치 길에 장애물과 장벽을 세우는 것처럼 기도 응답이 막힙니다. 따라서 남편과 아내는 한마음으로 함께 기도하는 것이 필요합니다.

② 용서하지 않음

> 막 11:25 | 서서 기도할 때에 아무에게나 혐의가 있거든 용서하라 그리하여야 하늘에 계신 너희 아버지께서도 너희 허물을 사하여 주시리라 하시니라

형제에 대한 증오와 악의가 가득하면 스스로 감옥에 갇혀 나올 수가 없고 하나님의 자비하심과 사랑을 체험할 수 없습니다. 미움의 감옥에 갇혀서 용서하지 않는 마음으로 기도하면 하나님의 응답을 받지 못합니다.

③ 불일치와 다툼

> 갈 5:14-15 | 온 율법은 네 이웃 사랑하기를 네 자신 같이 하라 하신 한 말씀에서 이루어졌나니 만일 서로 물고 먹으면 피차 멸망할까 조심하라

서로 사랑으로 연합하고 하나 될 때 하나님의 은혜와 풍성한 기도 응답이 임합니다. 서로 미워하고, 상처 입히고, 파괴적인 행동을 하게 되면

마귀의 밥이 되어 공동체가 무너지고 황폐하게 되어버립니다.

④ 원한

엡 4:26-27 | 분을 내어도 죄를 짓지 말며 해가 지도록 분을 품지 말고
마귀에게 틈을 주지 말라

마음에 원한을 가지고 풀지 아니하면 사람과의 관계도 파괴될 뿐 아니라 하나님과의 관계도 막혀버립니다. 사람들에게 원한을 품음으로써 하나님과의 화목한 관계를 맺지 못하면 기도 응답의 길이 막혀버립니다.

1907년 평양에 대부흥운동이 일어났습니다. 그런데 이 부흥운동이 출발하게 된 것은 1903년 하디 목사님을 중심으로 일어났던 원산의 대부흥회였습니다. 1903년 원산에서 선교사님들이 모여 기도회를 가졌습니다. 그때 강원도에서 사역하던 감리교 선교사 하디 목사님이 말씀을 전하러 왔다가 하나님의 성령의 은혜를 받았습니다. 하디 선교사님은 사람들 앞에 회개의 기도를 했습니다. "내가 교만했습니다. 내가 기도하지 않고 교만해서 아무런 역사가 나타나지 않았습니다." 성령의 큰 감동이 임하니 모든 선교사들이 함께 회개하고, 그가 나와서 말씀을 전할 때 모든 성도들이 은혜를 받았습니다. 원산에 큰 부흥의 역사가 일어났습니다. 이 부흥의 역사가 원산으로부터 시작해서 평양으로, 그리고 온 한국을 뒤덮는 놀라운 역사로 나타나게 되었습니다.

기도해도 응답이 오지 않는 경우가 있습니다.

1. 우리가 정욕으로 구할 때 하나님께서 기도에 응답하시지 않습니다. 타인을 고려하지 않고 자신의 이익만 추구하면서 욕심을 가지고 기도하면 하나님께서 응답하시지 않습니다.
2. 하나님께서는 하나님의 말씀에 순종하지 않고 거역하면서 자신의 의와 공로를 드러내려 하는 사람의 기도에 응답하지 않습니다.
3. 하나님께서는 가족은 물론 이웃과 불화하고 다투고 미워하면서 용서하지 않는 사람의 기도에는 응답하시지 않습니다.

1. 우리의 기도 가운데 이기심이나 의심, 불신앙의 요소가 없는지 살펴봅시다.
2. 우리 기도의 동기가 하나님의 영광을 위한 것인지, 아니면 자신의 의를 드러내기 위한 것인지 생각해봅시다.
3. 우리 자신과 가정을 위해 기도할 때 용서의 문제, 미움의 문제로 인한 막힘은 없는지 생각해봅시다.

1. 이기심과 탐욕의 동기를 벗어버리고 하나님의 나라와 의를 위해 기도합시다.
2. 당신의 기도가 하나님의 말씀에 어긋남이 있는지 살펴보고 자신이 죄인임을 인정하고 겸손한 마음으로 나아갑시다.
3. 가족과의 불화, 이웃과의 다툼이 있다면 먼저 용서와 화해를 통해 관계를 회복합시다.

7 CHAPTER

기도와 성령충만
Prayer, the Passage to Grace

성령세례(침례)와 성령충만은 성도에게 주시는 하나님의 명령이며 축복입니다. 성령세례(침례)에 대한 약속(행 1:4)은 하나님의 언약이며, 그 언약은 오순절 날에 임한 성령의 강림과 함께 성취되었습니다(행 2:1-4). 성령세례(침례)와 성령충만은 중생과는 다른 영적인 체험입니다. 중생은 예수 그리스도를 구세주로 영접하고 하나님의 자녀가 되는 은총이며, 성령세례(침례)와 성령충만은 성령님을 인정하고, 환영하고, 모셔들여 성령님과 동행하는 삶을 살아가는 것을 의미합니다.

1) 성령세례(침례)와 성령충만의 체험

성령세례(침례)와 성령충만의 체험은 구원을 받은 성도들에게 부어주시는 또 다른 영적인 축복입니다. 구원은 예수님을 구세주로 시인하고 하나님께서 죽은 자 가운데서 살리신 것을 마음으로 믿는 믿음의 결단을 통해 얻게 됩니다(롬 10:9). 그러나 성령세례(침례)와 성령충만은 성령을 사모하며 기도해야 얻을 수 있는 것입니다.

(1) 성령세례(침례)의 체험

성령세례(침례)는 중생을 경험한 모든 하나님의 백성들을 위한 것입니다. 성령을 체험하면 믿음이 성장하게 되고 신앙생활이 완전히 달라집니다. 차지도 덥지도 않았던 신앙생활을 했던 사람이 확신과 열정적인 믿음을 가지고 신앙생활을 하게 됩니다.

① 성령세례(침례)의 약속

구약성경에서의 성령의 기름부음은 왕, 선지자, 제사장 등과 같은 특별한 사람들에게 특별한 목적으로 부어졌습니다. 그러나 이제는 요엘 2장 28절 예언의 말씀처럼 하나님께서 모든 사람에게 성령을 부어주시기 원하십니다. 요엘 선지자의 예언은 신약시대에 와서 오순절 날의 성령강림 사건으로 성취되었습니다.

욜 2:28-29 | 그 후에 내가 내 영을 만민에게 부어 주리니 너희 자녀들

이 장래 일을 말할 것이며 너희 늙은이는 꿈을 꾸며 너희 젊은이는 이상

을 볼 것이며 그 때에 내가 또 내 영을 남종과 여종에게 부어 줄 것이며

예수님께서는 승천하시기 전에 보혜사 성령을 우리에게 보내주시겠다고 약속하셨습니다.

요 16:7 | 그러나 내가 너희에게 실상을 말하노니 내가 떠나가는 것이

너희에게 유익이라 내가 떠나가지 아니하면 보혜사가 너희에게로 오시

지 아니할 것이요 가면 내가 그를 너희에게로 보내리니

예수님께서 약속하신 대로 성령이 임했고 많은 사람들이 성령세례(침례)를 받게 되었습니다. 성령세례(침례)는 초대교회의 일회성 사건이 아니라 오늘날에도 계속되는 하나님의 은혜입니다.

성령세례(침례)는 하나님과 우리와의 관계를 더욱더 풍성하게 해주며, 우리를 하나님과의 친밀한 교제 가운데로 이끕니다. 성령세례(침례)는 받아도 되고 안 받아도 되는 것이 아닙니다. 우리 모두는 성령세례(침례)를 받아, 더 깊은 영성을 소유해야 합니다.

② 성령세례(침례)와 기도

침례 요한은 이스라엘 백성들에게 예수님을 물과 성령으로 세례(침례)를

베푸실 분이라고 선포했습니다.

> 마 3:11 | 나는 너희로 회개하게 하기 위하여 물로 세례(침례)를 베풀거니
> 와 내 뒤에 오시는 이는 나보다 능력이 많으시니 나는 그의 신을 들기도
> 감당하지 못하겠노라 그는 성령과 불로 너희에게 세례(침례)를 베푸실
> 것이요

성령세례(침례)를 베푸시는 분은 예수님이십니다. 그러므로 예수님의 이름으로 간절히 기도할 때 성령세례(침례)를 받게 됩니다. 기도 없이는 성령세례(침례)를 받을 수 없습니다.

> 행 2:1-3 | 오순절 날이 이미 이르매 그들이 다 같이 한 곳에 모였더니
> 홀연히 하늘로부터 급하고 강한 바람 같은 소리가 있어 그들이 앉은 온
> 집에 가득하며 마치 불의 혀처럼 갈라지는 것들이 그들에게 보여 각 사
> 람 위에 하나씩 임하여 있더니

성령세례(침례)는 어떤 특정 부류의 사람들을 위한 것이 아니라 사모하는 모든 사람들을 위한 것입니다. 성령세례(침례)는 유대인들에게도 임했고, 이방인들에게도 임했습니다. 당시에는 이방인들보다 못한 취급을 받았던 사마리아인들도 성령세례(침례)를 경험했습니다.

> 행 8:14-17 | 예루살렘에 있는 사도들이 사마리아도 하나님의 말씀을 받

았다 함을 듣고 베드로와 요한을 보내매 그들이 내려가서 그들을 위하여 성령 받기를 기도하니 이는 아직 한 사람에게도 성령 내리신 일이 없고 오직 주 예수의 이름으로 세례(침례)만 받을 뿐이더라 이에 두 사도가 그들에게 안수하매 성령을 받는지라

성령세례(침례)를 받는 것은 유대인이냐 유대인이 아니냐의 문제가 아니었습니다. 기도하느냐 안 하느냐의 문제였습니다. 누구든지 성령을 사모하며 기도하면 성령세례(침례)를 받게 되어있습니다.

행 10:45-46 | 베드로와 함께 온 할례 받은 신자들이 이방인들에게도 성령 부어 주심으로 말미암아 놀라니 이는 방언을 말하며 하나님 높임을 들음이러라

③ 성령세례(침례)와 성령의 은사

구원은 받았는지 안 받았는지 불분명할 수 있지만 성령세례(침례)는 받았는지 안 받았는지 확실하게 알 수 있습니다. 성령세례(침례)는 대부분 성령의 은사를 동반하며, 신앙생활에 큰 변화가 나타나게 합니다. 오순절날 성령이 임했을 때 성도들은 각기 다른 방언을 하는 체험을 했습니다.

행 2:4-8 | 그들이 다 성령의 충만함을 받고 성령이 말하게 하심을 따라 다른 언어들로 말하기를 시작하니라 그 때에 경건한 유대인들이 천하 각국으로부터 와서 예루살렘에 머물러 있더니 이 소리가 나매 큰 무리

가 모여 각각 자기의 방언으로 제자들이 말하는 것을 듣고 소동하여 다 놀라 신기하게 여겨 이르되 보라 이 말하는 사람들이 다 갈릴리 사람이 아니냐 우리가 우리 각 사람이 난 곳 방언으로 듣게 되는 것이 어찌 됨이냐

방언은 성령세례(침례)를 받았을 때 나타나는 가장 일반적인 은사입니다. 그리고 방언은 기도생활에 가장 큰 변화를 주는 은사입니다. 기도하는 것이 너무 힘들었던 사람도 방언을 받으면 오랜 시간 기도해도 지치지 않습니다. 오히려 더 많은 시간을 기도하고 싶고 기도에 힘이 생깁니다. 성경에는 방언 외에 많은 성령의 은사들이 있습니다(롬 12:6-8; 고전 12:8-10; 엡 4:11). 기도는 성령의 은사를 유지하고 올바로 사용하는 데 가장 중요한 요소입니다.

(2) 성령충만의 체험

① 성령충만의 본질

성령충만은 성령의 권능과 임재 가운데 지속적으로 머물며 성령의 인도하심을 따르는 것입니다. 성령세례(침례)를 받았다고 해도 기도를 게을리하거나 영적으로 깨어있지 않으면 성령충만할 수 없습니다. 성경은 성령과의 교제가 멀어지는 것을 경계하고 있습니다.

살전 5:19 | 성령을 소멸하지 말며

성령충만을 유지하기 위해 우리는 날마다 기도에 힘쓰고 성령님과 교제해야 합니다. 더 나아가 성경은 우리에게 예수님이 행하셨던 놀라운 사역들을 감당하라고 말씀하고 계십니다.

행 10:38 | 하나님이 나사렛 예수에게 성령과 능력을 기름 붓듯 하셨으매 그가 두루 다니시며 선한 일을 행하시고 마귀에게 눌린 모든 사람을 고치셨으니 이는 하나님이 함께 하셨음이라

성령충만한 삶은 하나님과 함께 늘 동행하는 삶을 의미합니다. 그러한 삶을 통해 우리는 언제나 선한 일을 추구하고 연약한 사람을 긍휼히 여기며 더 나아가 어떤 시련과 환난이 다가와도 넉넉히 이길 수 있습니다.

② 성령충만한 생활

성령충만하면 권능을 받고 복음의 증거자가 됩니다. 죽음이 두려워 예수님을 부인하고 떠났던 제자들과 사람들의 눈을 피해 한곳에 모여 기도하고 있던 120명의 성도들은 성령충만함을 받고 난 후 거리, 회당, 예루살렘, 사마리아, 로마, 아시아 등 가는 곳마다 담대히 복음을 증거하는 복음의 증인이 되었습니다.

행 1:8 | 오직 성령이 너희에게 임하시면 너희가 권능을 받고 예루살렘과 온 유대와 사마리아와 땅 끝까지 이르러 내 증인이 되리라 하시니라

성령으로 충만하면 사탄의 권세와 싸워 승리하게 됩니다. 사도 바울이 구브로 섬에서 복음을 전할 때의 일입니다. 그곳에서는 엘루마라는 마술사가 바울 일행의 복음전파를 훼방했습니다. 이를 본 사도 바울이 성령의 충만함을 받아 엘루마를 향해 "네가 맹인이 되어 얼마 동안 해를 보지 못하리라."라고 선포했습니다. 결국 그 선포대로 이루어져 엘루마는 더 이상 바울 일행의 복음전파를 방해하지 못했습니다.

> 행 13:9-11 | 바울이라고 하는 사울이 성령이 충만하여 그를 주목하고 이르되 모든 거짓과 악행이 가득한 자요 마귀의 자식이요 모든 의의 원수여 주의 바른 길을 굽게 하기를 그치지 아니하겠느냐 보라 이제 주의 손이 네 위에 있으니 네가 맹인이 되어 얼마 동안 해를 보지 못하리라 하니 즉시 안개와 어둠이 그를 덮어 인도할 사람을 두루 구하는지라

성령충만한 삶은 자신의 생각, 지식, 경험만을 고집하는 것이 아니라 성령에 이끌리는 삶, 말씀이 기준이 되는 삶을 사는 것입니다. 또한 성령충만한 삶은 그리스도로 충만한 삶이기도 합니다.

> 갈 2:20 | 내가 그리스도와 함께 십자가에 못 박혔나니 그런즉 이제는 내가 사는 것이 아니요 오직 내 안에 그리스도께서 사시는 것이라 이제 내가 육체 가운데 사는 것은 나를 사랑하사 나를 위하여 자기 자신을 버리신 하나님의 아들을 믿는 믿음 안에서 사는 것이라

성경은 좋은 나무와 나쁜 나무를 판단하는 기준은 그 나무의 열매라고 말씀하고 있습니다(마 7:20). 성령충만한 삶의 특징은 교회를 위해서, 성도들을 위해서, 자신의 영적인 삶을 위해서 성령의 은사를 잘 유지하며 더 많은 성령의 열매를 맺는다는 것입니다.

성령충만한 삶을 살기 위해서는 무엇보다 기도가 중요합니다. 기도는 성령의 능력을 공급해주는 통로가 되기 때문입니다. 그러므로 기도하지 않으면 성령의 충만함을 지속적으로 유지할 수 없으며, 성령의 열매를 맺는 것도 불가능합니다.

찰스 팔함 목사님이 세운 미국 켄사스 주 토페카의 벧엘성경학교에서 일어난 일입니다. 그곳에서 1900년 12월 31일 송구영신예배를 드릴 때 신학생 40명과 지역주민 70명이 함께 모여 간절히 성령받기를 사모하며 기도하였습니다. 다음 날인 1901년 1월 1일 오전 11시쯤 아그네스 오즈만이라고 하는 여학생이 성령을 받고 방언을 말하기 시작했습니다. 오즈만 양은 이후 3일 동안 평생 배워보지 못한 중국어로 방언을 했습니다. 이 일이 있은 후 5년이 지난 1906년 로스앤젤레스 아주사 거리에서 윌리엄 시무어라고 하는 흑인 목사에 의해 성령운동이 본격적으로 시작되었습니다. 이곳에서 3년 반 동안 매일 아침 10시부터 밤 12시까지 집회가 있었고, 방언과 신유를 비롯한 많은 은사가 나타났습니다. 얼마나 성령충만한 예배였는지 수많은 사람이 이곳에 와서 성령의 불을 받고 세계 각지로 흩어져 전 세계에 성령운동이 퍼져나갔습니다. 이때로부터 110년이 지난 지금 오순절 성령 운동에 참여하고 있는 성령을 체험한 성도들이 6억 3천만 명에 이르고 있습니다.

성령세례(침례)와 성령충만의 체험이 필요한 이유는 다음과 같습니다.

1. 성령세례(침례)와 성령충만은 중생을 체험한 하나님의 자녀들을 위해 하나님이 주시는 영적인 축복입니다. 성령을 체험하면 확신과 열정을 가지고 역동적인 신앙생활을 합니다.
2. 누구든지 성령을 사모하며 간절히 기도하면 성령세례(침례)를 받을 수 있습니다. 성령세례(침례)를 받으면 다양한 성령의 은사들이 나타납니다. 기도는 성령세례(침례)와 성령의 은사를 경험하는 데 가장 중요한 요소입니다.
3. 성령충만은 매일의 삶에서 성령의 은혜와 능력을 체험하는 것을 뜻합니다. 성령으로 충만하면 권능을 받고 복음의 증인이 될 수 있으며 그리스도로 충만한 삶을 살 수 있습니다.

1. 중생과 성령세례(침례)와 성령충만은 어떤 차이점이 있는지 생각해봅시다.
2. 성령세례(침례)를 받고 성령충만을 유지하려면 어떻게 해야 할까요?
3. 삶 속에서 성령의 열매를 맺기 위해 우리는 무엇을 하고 있습니까?

1. 성령세례(침례)와 성령충만을 받은 후 다가오는 삶의 변화를 기대하며 기도해봅시다.
2. 성령충만을 유지하고 성령의 은사를 누리기 위해서 기도하는 시간을 가져봅시다.
3. 성령의 열매가 다른 사람들에게 선한 영향력을 끼칠 수 있도록 기도해봅시다.

2) 성령의 재충만

성령충만한 삶을 살기 위해서는 끊임없이 성령의 재충만을 받아야 합니다. 성령의 재충만을 받기 위해서는 기도와 간구, 성결한 삶, 봉사와 헌신이 요구됩니다.

(1) 성령충만의 유지

중생의 체험은 일회성 사건이라고 할 수 있습니다. 그러나 성령충만은 한 번의 사건으로 끝나면 안 됩니다. 우리는 항상 성령의 재충만을 위해 기도해야 합니다. 왜냐하면 성령충만한 상태를 계속해서 유지하지 않으면 신앙생활에 큰 위기가 다가오기 때문입니다.

① 끊임없는 기도와 간구

하나님께서는 우리에게 성령을 부어주시기 원하십니다. 하나님께서 우리의 죄를 대속하기 위해 예수 그리스도를 예비하신 것처럼, 우리가 예수님을 구세주로 영접하고 하나님과 동행할 수 있도록 성령님을 예비하셨습니다. 우리가 기도할 때 하나님께서는 우리에게 성령을 넘치도록 부어주십니다.

눅 11:13 | 너희가 악할지라도 좋은 것을 자식에게 줄 줄 알거든 하물며 너희 하늘 아버지께서 구하는 자에게 성령을 주시지 않겠느냐 하시니라

성령충만을 체험한 사람이라면 계속해서 성령의 재충만을 위해 기도해야 합니다. 기도하지 않으면 성령충만을 받을 수도 없고 성령의 재충만도 받을 수 없습니다.

② 성령을 의지함

성령은 인격적인 분이십니다. 성령을 인정하지 않거나 성령의 능력을 의심하는 사람에게 성령은 역사하지 않으십니다. 성령을 부인하고 성령을 근심하게 하면 성령의 재충만을 받을 수 없습니다.

엡 4:30 | 하나님의 성령을 근심하게 하지 말라 그 안에서 너희가 구원의 날까지 인치심을 받았느니라

성령을 환영하고 모셔들이고 의지하면 성령은 우리를 도와주시며 우리를 위해 친히 하나님께 간구하십니다.

롬 8:26 | 이와 같이 성령도 우리의 연약함을 도우시나니 우리는 마땅히 기도할 바를 알지 못하나 오직 성령이 말할 수 없는 탄식으로 우리를 위하여 친히 간구하시느니라

성령은 우리가 도움을 요청할 때 모른다고 하지 않으십니다. 시련과 환난이 있을 때 더욱 부르짖어 간구하면 성령께서는 우리의 연약함을 도와주시고 우리를 위해 말할 수 없는 탄식으로 간구해주십니다.

(2) 성결한 삶

성령의 재충만을 위해서는 성결한 삶을 살아야 합니다. 성경은 우리의 몸을 성령이 머무는 하나님의 전이라고 말씀하고 있습니다. 성령이 머무시는 곳이 더러우면 성령충만한 삶을 지속할 수가 없습니다.

> 고전 3:16-17 | 너희는 너희가 하나님의 성전인 것과 하나님의 성령이
> 너희 안에 계시는 것을 알지 못하느냐 누구든지 하나님의 성전을 더럽
> 히면 하나님이 그 사람을 멸하시리라 하나님의 성전은 거룩하니 너희도
> 그러하니라

성삼위일체의 하나님은 거룩하신 분이십니다. 죄악이 가득한 상태로는 성령님과 동행할 수 없습니다. 보혜사 성령님은 이 땅에서 죄와 의, 심판에 대해 책망하시는 분이십니다. 성령님은 사물이 아니라 인격체이십니다. 그래서 성령님은 우리가 성결한 삶을 살 때 기뻐하시고, 우리에게 성령의 기쁨을 주십니다. 성결한 삶을 통해 우리 안에 성령의 기쁨이 임할 때, 어떠한 상황 가운데서도 감사와 찬양을 올려드릴 수 있습니다.

(3) 봉사의 삶

성령충만한 삶은 개인을 위한 삶뿐만 아니라 교회와 이웃을 위한 삶으로 나타나야 합니다. 성령충만은 자신을 나타내기 위한 것이 아니라 헌신과 봉사로 나타나야 합니다. 봉사와 헌신은 사람의 힘으로 하는 것이 아니라 성령께서 주시는 힘으로 하는 것입니다.

> 벧전 4:11 | 만일 누가 말하려면 하나님의 말씀을 하는 것 같이 하고 누가 봉사하려면 하나님이 공급하시는 힘으로 하는 것 같이 하라 이는 범사에 예수 그리스도로 말미암아 하나님이 영광을 받으시게 하려 함이니 그에게 영광과 권능이 세세에 무궁하도록 있느니라 아멘

교회 안에서 은사의 사용도 질서 가운데 성령의 인도하심을 따라 이루어져야 합니다. 성령께서 은사를 부어주신 것은 교회를 섬기고 하나님의 나라를 확장하는 일에 사용하라는 것입니다.

그러므로 항상 성령충만하고 생명을 얻되 풍성히 얻는 신앙생활을 하기 위해서는 성령의 재충만을 받아야 합니다. 성령께서 주시는 힘으로 봉사와 헌신의 삶을 살아야 합니다.

교회의 성령충만과 재충만의 중요성에 대해 토저 목사님은 이렇게 말합니다. "초대교회는 단순한 조직체나 운동단체가 아니라 영적 능력 그 자체였다. 초대교회는 성령의 권능으로 움직였다. 교회는 성령의 권능이 있는 동안에는 늘 살아 움직였다. 교회의 역사를 돌이켜보면, 성경으로 되돌아가 성령의 권능을 회복할 때마다 새로운 부흥이 일어났고, 성령의 권능이 사라지는 순간에는 기득권을 사수하려고 새로운 체제를 구축했다는 사실을 알 수 있다. 하나님이 인정하시는 유일한 권능은 바로 교회에 역사하는 성령의 권능이다. 오직 영원하신 성령에 의해 이루어진 일만이 영원히 지속된다! 교회에 임하는 성령의 권능을 회복하라!"

요약

성령의 재충만을 받아야 하는 이유는 다음과 같습니다.

1. 성령충만을 유지하려면 끊임없이 기도하고 간구하면서 성령의 재충만을 받아야 합니다. 성령은 인격적인 분이시기 때문에 성령을 인정하고 성령의 능력을 의지하는 사람에게 역사하십니다.
2. 성령님은 거룩하신 분이므로 성령의 재충만을 위해서는 우리의 몸과 마음을 항상 예수님의 보혈로 정결하게 씻고 성결한 삶을 살아야 합니다. 성령님은 회개하는 심령 가운데 거하십니다.
3. 성령충만할 때 성령께서 주시는 힘으로 타인을 위해 봉사하고 헌신하며 살아갈 수 있습니다. 성령님이 각 사람에게 성령의 은사를 나누어주신 이유는 이웃을 돕고 교회의 덕을 세우기 위해서입니다.

묵상

1. 성령의 재충만을 유지하기 위해 얼마나 기도하고 계십니까?
2. 성령의 재충만과 성결한 삶은 어떤 관계가 있을까요?
3. 인간의 힘이 아닌 성령의 힘으로 봉사의 삶을 산다는 것은 어떤 의미인지 생각해봅시다.

적용

1. 성령으로 충만한 삶을 살기 위해 성령의 재충만을 구하는 기도를 해봅시다.
2. 성결한 마음으로 성령님과 동행하는 삶을 살기 위해 기도하는 시간을 가져봅시다.
3. 성령의 힘으로 봉사의 삶을 살고 있는지 자신에게 질문해보십시오. 믿는 사람의 봉사와 헌신의 목적은 무엇인지 생각해봅시다.

3) 성령의 인도하심

성령님은 교회와 성도들의 사역과 삶을 인도하시는 분이십니다. 우리가 직접 성령님의 인도하심을 다 의식하지는 못할지라도, 성령님은 늘 우리의 삶과 사역에 깊이 관여하십니다.

(1) 사역의 인도하심

① 하나님과의 올바른 관계로 인도하심

> 롬 8:14-15 | 무릇 하나님의 영으로 인도함을 받는 사람은 곧 하나님의 아들이라 너희는 다시 무서워하는 종의 영을 받지 아니하고 양자의 영을 받았으므로 우리가 아빠 아버지라고 부르짖느니라

성령 안에서 기도하는 사람은 하나님과의 바른 관계를 형성하게 되어 하나님을 아버지라고 부르게 됩니다. 왜냐하면 우리가 하나님께로부터 받는 영은 무서워하는 종의 영이 아니라 양자의 영이기 때문입니다. 이로 인하여 우리는 하나님을 아빠 아버지라고 부를 수 있게 됩니다.

> 갈 4:5-6 | 율법 아래에 있는 자들을 속량하시고 우리로 아들의 명분을 얻게 하심이라 너희가 아들이므로 하나님이 그 아들의 영을 우리

마음 가운데 보내사 아빠 아버지라 부르게 하셨느니라

성령님은 하나님의 영이시요, 동시에 아들의 영이기도 합니다. 따라서 성령께서 우리들 마음 가운데 오시면 우리는 하나님을 아빠 아버지로 환영하고 모셔들이게 되는 것입니다.

② 성경을 하나님의 말씀으로 믿도록 인도하심

> 딤후 3:16-17 | 모든 성경은 하나님의 감동으로 된 것으로 교훈과 책망과 바르게 함과 의로 교육하기에 유익하니 이는 하나님의 사람으로 온전하게 하며 모든 선한 일을 행할 능력을 갖추게 하려 함이라

성경은 성령의 감동으로 기록된 말씀이기에 성경을 온전히 올바로 이해하기 위해서는 성령의 감동이 필요합니다. 따라서 성령의 인도하심을 받는 사람은 성경을 하나님의 말씀으로 온전히 믿을 수 있게 됩니다.

> 벧후 1:20-21 | 먼저 알 것은 성경의 모든 예언은 사사로이 풀 것이 아니니 예언은 언제든지 사람의 뜻으로 낸 것이 아니요 오직 성령의 감동하심을 받은 사람들이 하나님께 받아 말한 것임이라

성경이 하나님의 말씀으로 받아들여지기 위해서 성령의 감동이 필요했듯이 성경을 이해하기 위해서도 성령의 감동이 필요합니다. 따라서 우리

는 성령께서 우리를 인도해주시기를 기도하고 성경을 대해야 합니다.

> 고전 2:13 | 우리가 이것을 말하거니와 사람의 지혜가 가르친 말로 아니
> 하고 오직 성령께서 가르치신 것으로 하니 영적인 일은 영적인 것으로
> 분별하느니라

또한 성령에 사로잡힌 자들은 신령한 것을 분별할 수 있습니다. 왜냐하면 성경은 사람의 지혜의 말이 아니고, 성령님께서 주시는 영감에 의해 기록된 것이기 때문입니다. 그래서 미혹의 영에 빠지지 않고 진리의 영이신 성령님의 인도하심을 받도록 기도해야 할 것입니다.

③ 복음 전도를 인도하심

> 행 13:2-3 | 주를 섬겨 금식할 때에 성령이 이르시되 내가 불러 시키는
> 일을 위하여 바나바와 사울을 따로 세우라 하시니 이에 금식하며 기도
> 하고 두 사람에게 안수하여 보내니라

안디옥 교회는 초대교회 선교의 중심지였습니다. 안디옥 교회의 지도자들은 금식하고 기도하며 성령님의 인도하심을 간구하였고, 이에 성령께서는 바나바와 사울을 따로 세우라고 말씀하셨습니다. 안디옥 교회의 이러한 결정으로 인해 그리스도의 복음은 더욱 왕성히 소아시아로 전파되었습니다.

(2) 개인의 삶을 인도하심

① 성도의 기도를 인도하심

유 1:20 | 사랑하는 자들아 너희는 너희의 지극히 거룩한 믿음 위에 자
신을 세우며 성령으로 기도하며

우리가 무엇을 기도해야 하는지 알지 못하고 있을 때 성령님은 성도
개인에게 마땅히 구할 것을 알려주시고 하나님 보시기에 합당한 기도를
드리게 해주십니다.

롬 8:27 | 마음을 살피시는 이가 성령의 생각을 아시나니 이는 성령이
하나님의 뜻대로 성도를 위하여 간구하심이니라

성령님은 하나님의 뜻대로 간구하시는 분입니다. 따라서 성령님을 의
지하면서 기도하면 성령님은 우리로 하여금 하나님의 뜻에 부합하는 기
도를 드리도록 인도하실 것입니다. 따라서 하나님의 뜻에 합당한 기도를
드리기 원한다면 성령님의 인도하심을 간구해야 합니다.

② 성도를 진리 가운데로 인도하심

요 16:13 | 그러나 진리의 성령이 오시면 그가 너희를 모든 진리 가운데

로 인도하시리니 그가 스스로 말하지 않고 오직 들은 것을 말하며 장래
일을 너희에게 알리시리라

성령님은 하나님의 백성들을 진리 가운데로 인도하십니다. 왜냐하면
성령님은 진리의 영이시기 때문입니다. 그런데 성경에서 말하는 진리는
바로 예수 그리스도입니다. 따라서 성령님은 성도들을 영원한 진리이신
예수 그리스도께로 인도하십니다. 그렇기에 성령님의 인도하심이 아니고
는 누구든지 예수를 주라고 시인할 수 없는 것입니다(고전 12:3).

갈 4:6 | 너희가 아들이므로 하나님이 그 아들의 영을 우리 마음 가운데
보내사 아빠 아버지라 부르게 하셨느니라

성령님께서는 우리가 하나님의 자녀인 것을 증거하십니다. 하나님의
자녀는 그분의 뜻을 따르고, 예수 그리스도를 본받아 살 수 있도록 성령
님께 구하고 인도함을 받아야 합니다. 만일 주님을 기쁘시게 하는 삶을
살기 원한다면 성도들의 교사가 되시는 성령님께 인도해달라고 항상 간
구해야 합니다.

③ 성도에게 은사를 허락하심

고전 12:8-11 | 어떤 사람에게는 성령으로 말미암아 지혜의 말씀을, 어
떤 사람에게는 같은 성령을 따라 지식의 말씀을, 다른 사람에게는 같은

성령으로 믿음을, 어떤 사람에게는 한 성령으로 병 고치는 은사를, 어떤 사람에게는 능력 행함을, 어떤 사람에게는 예언함을, 어떤 사람에게는 영들 분별함을. 다른 사람에게는 각종 방언 말함을, 어떤 사람에게는 방언들 통역함을 주시나니 이 모든 일은 같은 한 성령이 행하사 그의 뜻대로 각 사람에게 나누어 주시는 것이니라

성령의 은사는 성령님이 예수님을 믿는 모든 사람에게 나누어주시는 하나님의 선물을 의미합니다. 성령의 은사는 교회에 유익을 주고(고전 12:7), 성도를 권면하며, 안위하고(고전 14:3), 복음을 전파하게 할 목적으로(행 1:8) 성도들에게 주시는 특별한 선물입니다. 은사의 종류는 다양하지만 다양한 은사를 성도들에게 주시는 분은 성령님 한 분이십니다.

고전 14:12 | 그러므로 너희도 영적인 것을 사모하는 자인즉 교회의 덕을 세우기 위하여 그것이 풍성하기를 구하라

성령의 은사를 받기 원하는 사람은 사모하는 마음으로 구해야 합니다. 왜냐하면 선물은 사모하는 자에게 주어지는 것이기 때문입니다. 그러나 영적인 선물인 성령의 은사를 사사로이 쓰기 위해서 구하면 성령의 은사를 받을 수 없습니다. 왜냐하면 성령의 은사는 교회의 덕을 세우기 위해 주시는 것이기 때문입니다.

종교개혁을 일으킨 마르틴 루터는 이렇게 고백합니다.

"만일 내가 새벽에 세 시간 이상 기도하지 않았다면 그날의 승리는 마귀에게 돌아갔을 것이다. 나에게는 너무나 할 일이 많았다. 그러나 날마다 세 시간 이상 기도하는 것보다 더 중요한 일은 없었다. 그 기도가 모든 일을 지탱해나가게 하는 힘이 되었다."

어려울 때, 힘들 때 마르틴 루터는 간절히 기도했습니다. 이것이 마르틴 루터가 종교개혁을 일으키고, 이끌 수 있었던 원천이었습니다.

성령의 인도하심이 중요한 이유는 다음과 같습니다.

1. 성령님은 우리가 하나님과 올바른 관계를 맺을 수 있도록 인도하십니다. 성령 안에서 우리는 하나님의 자녀로서 하나님을 아버지라 부를 수 있습니다.
2. 성경은 성령의 감동으로 기록되었기 때문에 우리 스스로는 성경에 나타난 하나님의 뜻을 알 수 없습니다. 오직 성령님이 하나님의 말씀인 성경을 온전히 믿고 이해할 수 있게 도우십니다.
3. 성령님은 우리에게 진리 되시는 예수 그리스도를 깨닫게 하시고 이 세상에서 믿음과 은혜의 삶을 살아갈 수 있도록 인도하십니다. 또한 성령의 뜻대로 우리에게 다양한 은사도 나누어주십니다.

묵상

1. 매일의 삶 가운데 성령님이 우리를 어떻게 인도해주시는지 생각해봅시다.
2. 성령님의 도우심과 인도하심으로 성경 말씀을 읽는다는 것은 어떤 의미를 가지고 있을까요?
3. 인간의 뜻을 앞세우는 기도와 성령의 이끄심대로 하는 기도의 차이점에는 무엇이 있는지 생각해봅시다.

적용

1. 하나님의 뜻대로 우리를 위해 간구하시는 성령님을 의지하며 기도해봅시다.
2. 성령님의 인도하심을 따라 성경 말씀을 통해 우리에게 말씀하시는 하나님을 경험해봅시다.
3. 성령님과 동행하며 성령의 은사를 잘 활용할 수 있는 방법에 대해 생각해봅시다.

4) 성령충만과 방언기도

성도의 신앙은 기도로 시작하여 기도로 성숙하게 됩니다. 그리고 성숙한 성도의 삶은 성령이 충만한 삶으로 나타납니다. 기도는 성도들이 성령충만한 삶을 유지하기 위해서 없어서는 안 될 필수 요소입니다.

(1) 방언기도(행 2:4)

① 성령체험의 외적 증거

> 행 2:4 | 그들이 다 성령의 충만함을 받고 성령이 말하게 하심을 따라 다른 언어들로 말하기를 시작하니라

사도행전 2장 4절은 오순절 날 마가의 다락방에 모였던 신자들이 성령의 충만함을 받고 성령이 말하게 하심을 따라 다른 방언으로 기도했다고 말씀하고 있습니다. 따라서 방언은 성령체험의 외적 표현으로 이해할 수 있습니다. 방언기도는 성령님이 우리의 입을 통해 기도해주시는 보혜사 성령님의 역사입니다. 우리가 방언으로 기도한다는 것은 성령님께서 우리 안에 충만하게 임재하고 계시며, 우리 안에서 역사하고 계심을 나타내는 증거입니다.

② 방언을 통한 영적 교통

> 고전 14:2 | 방언을 말하는 자는 사람에게 하지 아니하고 하나님께 하나니 이는 알아 듣는 자가 없고 영으로 비밀을 말함이라

방언기도의 대상은 사람이 아닙니다. 방언은 하나님을 대상으로 하기 때문에 사람들은 방언기도를 알아듣지 못합니다. 방언은 하나님과의 영적인 대화로서 비밀의 대화라고 말할 수 있습니다. 그래서 방언기도는 천사도 마귀도 주위에 있는 사람도 알아듣지 못하고, 오직 하나님만 알아듣습니다. 이처럼 우리는 방언을 통해 하나님과 친밀해지며, 하나님과의 교통이 깊어지게 됩니다. 방언기도는 하나님과의 비밀 대화입니다. 하나님과의 비밀 대화를 나누기 원한다면 방언으로 기도해야 합니다.

(2) 방언기도의 유익

① 덕을 세움

> 고전 14:4 | 방언을 말하는 자는 자기의 덕을 세우고 예언하는 자는 교회의 덕을 세우나니

성경은 방언기도가 자기의 덕을 세운다고 말씀하고 있습니다. 하나님께서 우리에게 방언을 주시는 이유는 우리의 언어로는 표현할 수 없는 깊은 영적인 기도를 통해 우리의 언어와 생각을 천국 백성의 언어와 생각으로 바꾸시기 위함입니다. 꾸준한 방언기도는 집을 짓기 위해 벽돌을 한장 한장 쌓아올리는 행위와 같습니다. 부지런히 방언기도로 하나님과 영적인 대화를 할 때 성도 개인의 덕이 차츰차츰 세워질 것입니다.

② 믿는 자의 표적이 됨

> 막 16:17-18 | 믿는 자들에게는 이런 표적이 따르리니 곧 그들이 내 이름으로 귀신을 쫓아내며 새 방언을 말하며 뱀을 집어올리며 무슨 독을 마실지라도 해를 받지 아니하며 병든 사람에게 손을 얹은즉 나으리라 하시더라

우리가 성령 받고 방언으로 기도할 때 놀라운 표적이 따릅니다. 예수 그리스도의 이름으로 귀신을 쫓아내며 새 방언을 말하며 무슨 독을 마실지라도 해를 받지 않으며 병든 사람에게 손을 얹은즉 치유되는 역사가 우리 가운데 일어납니다. 이러한 표적을 주시는 이유는 예수 그리스도의 이름의 강한 확신을 가지고 신앙생활을 하고 땅끝까지 복음을 전파하기 위함입니다.

③ 성도의 기도에 유익함

눅 12:12 | 마땅히 할 말을 성령이 곧 그 때에 너희에게 가르치시리라 하
시니라

때로 우리는 고난에 빠져 기도할 수 있는 힘조차 가지지 못하기도 합
니다. 이러한 때에 방언기도는 우리에게 유익이 됩니다. 방언은 성령님께
서 대신하시는 기도이기 때문입니다. 또한 방언기도는 성령께서 직접 우
리를 위해 말씀하시는 기도이기에 우리의 외적인 상태에 상관없이 반드시
필요한 기도를 우리로 하여금 하나님께 드릴 수 있게 합니다. 비록 우리
가 걱정과 염려로 근심 가운데 있다고 해도 방언으로 기도하면 성령께서
는 우리가 마땅히 구해야 할 바를 구하게 하십니다.

방언기도는 우리의 노력으로 하는 것이 아니고 성령이 직접 내 입을 통
하여 하시는 것이기 때문에 기도할 때 막히지도 않고, 힘도 들지 않습니
다. 특히 큰 시련과 고난에 처했을 때 방언기도는 성도로 하여금 깊은 기
도로 인도하는 유익이 있습니다.

1907년 평양대부흥이 일어났을 때, 그 광경을 지켜본 미 북장로교 선교사 죠지 맥큔은 다음과 같은 기록을 남겼습니다.

"우리가 웨일스와 인도에서 일어난 부흥운동에 대하여 읽었지만, 이번 장대현교회의 성령의 역사는 우리가 지금까지 읽었던 어떤 것도 능가할 것입니다. 예배당 안은 '기도합시다.'라는 말이 떨어지기가 무섭게 우뢰와 같은 기도 소리로 가득 찼습니다. 예배당 안에 있는 교인들은 거의 모두가 큰 소리로 기도를 드리고 있었습니다. 놀라운 광경이었습니다. 어떤 이는 울고 있었고, 어떤 이는 하나님께 자신의 죄목을 나열해가며 용서를 빌고 있었습니다. 모두가 성령충만을 간구하고 있었으며, 많은 소리가 있었음에도 전혀 혼란스럽지 않았습니다. 모두가 일사불란했고 완전한 조화를 이루었습니다." 기도의 역사는 성령의 역사요, 성령의 역사는 교회를 부흥하게 합니다.

PRAYER · THE · PASSAGE · TO · GRACE

방언기도의 유익은 다음과 같습니다.

1. 성령세례(침례)를 받아 성령으로 충만할 때 성령 체험의 외적 표현으로 나타나는 것이 방언입니다. 방언으로 기도한다는 것은 성령이 우리의 입을 통해 기도해주시는 현상입니다.
2. 방언을 통해서 하나님과 친밀한 교통을 나눌 수 있습니다. 방언기도는 사람의 말과 생각을 변화시켜 교회의 덕을 세울 수 있게 합니다.
3. 방언은 믿는 사람들에게 나타나는 표적이며 하나님이 함께하신다는 명백한 증거입니다. 방언기도를 통해 하나님께 마땅히 구할 바를 구하게 되며 오랜 시간 기도할 수 있게 됩니다.

1. 성령의 충만한 임재를 통해 나타나는 방언을 경험한 적이 있습니까?
2. 방언기도는 우리의 삶에 어떠한 영향을 끼치며 교회에 어떤 유익을 줄까요?
3. 기도할 힘조차 없을 때 방언기도가 어떤 도움을 주는지 생각해봅시다.

1. 성령님께서 인도하시는 방언기도를 통해 좀 더 역동적이고 힘이 넘치는 기도를 해봅시다.
2. 방언기도를 통한 신앙과 삶의 변화에 대해 생각해보고 그에 대해 서로 나누는 시간을 가져봅시다.
3. 힘들고 어려울 때 방언으로 기도하며 우리를 향하신 하나님의 뜻을 알아가도록 해봅시다.

8 CHAPTER

성경 속 기도
Prayer, the Passage to Grace

성경은 하나님의 진리가 기록된 책이며, 우리 삶의 길잡이가 됩니다. 그러므로 우리는 삶과 신앙생활의 해답을 성경 속에서 찾을 수 있습니다. 성경에 등장하는 인물들의 기도를 살펴보고, 깊이 묵상할 때 우리는 참된 기도의 의미를 알아볼 수 있습니다. 그리고 성경에서 말씀하는 기도의 실제란 무엇인지 깨달을 수 있습니다.

1) 예수님의 기도

(1) 제자들을 데리고 겟세마네 동산에 오르신 예수님

십자가에 달려 돌아가시기 전날 밤 예수님은 제자들과 최후의 만찬을 하시고, 겟세마네 동산에 제자들과 함께 오르십니다. 거기서 베드로와 야고보와 요한만을 데리고 한적한 곳으로 가서서, 잠시 머물라 하시고 예수님만 홀로 좀 더 멀리 나아가 기도를 올리십니다. 이때 하신 예수님의 기도를 우리는 '겟세마네 기도'라고 부릅니다.

겟세마네 기도는 예수님께서 십자가에 달려 돌아가시기 전에 드린 마지막 기도로 우리에게 특별한 의미가 있습니다. 십자가 대속이라는 하나님의 위대한 역사를 앞두고 자신의 모든 뜻과 의지를 내려놓고자 드린 겟세마네 기도는 성경 속 기도 중에서도 가장 큰 감동을 주는 기도입니다.

겟세마네 기도에서 우리는 다소 흥미로우면서도 씁쓸한 장면 하나를 볼 수 있습니다. 예수님은 겟세마네 동산에서 목숨을 건 기도를 하시지만, 그와 동행한 제자들은 기도하기는커녕 오히려 잠들어버리고 만 것입니다. 이러한 제자들에게 예수님은 다음과 같이 책망하십니다.

> 마 26:40-41 | 제자들에게 오사 그 자는 것을 보시고 베드로에게 말씀
> 하시되 너희가 나와 함께 한 시간도 이렇게 깨어 있을 수 없더냐 시험에
> 들지 않게 깨어 기도하라 마음에는 원이로되 육신이 약하도다 하시고

겟세마네 기도를 통해 우리를 위해 모든 것을 내어주시는 예수님, 그러나 예수님의 뜻을 온전히 헤아리지 못하는 연약한 우리의 모습을 비추어 볼 수 있습니다. 예수님은 이처럼 어리석고 나약한 우리를 위해 홀로 십자가를 지셨던 것입니다.

(2) 예수님의 마지막 기도

예수님은 우리가 평생토록 닮고 따라야 할 분이십니다. 더욱이 성경에 나타난 예수님의 기도는 우리에게 기도의 참 의미와 바른 방법에 대해 알려줍니다. 그중에서도 겟세마네 기도는 예수님께서 기도로 나아가는 과정과 기도하는 모습까지 세세히 묘사되어있기에, 깊이 묵상하고 배워야 하는 기도입니다.

> 이에 예수께서 제자들과 함께 겟세마네라 하는 곳에 이르러 제자들에게 이르시되 내가 저기 가서 기도할 동안에 너희는 여기 앉아 있으라 하시고 … 조금 나아가사 얼굴을 땅에 대시고 엎드려 기도하여 이르시되 내 아버지여 만일 할 만하시거든 이 잔을 내게서 지나가게 하옵소서 그러나 나의 원대로 마시옵고 아버지의 원대로 하옵소서 하시고 … 다시 두 번째 나아가 기도하여 이르시되 내 아버지여 만일 내가 마시지 않고는 이 잔이 내게서 지나갈 수 없거든 아버지의 원대로 되기를 원하나이다 하시고 … 또 그들을 두시고 나아가 세 번째 같은 말씀으로 기도하신 후 (마태복음 26장 36-44절)

(3) 예수님의 겟세마네 기도가 주는 의미

십자가 죽음은 예수님께서 이 땅에 오신 이유이자, 하나님의 뜻이었습니다. 그러므로 예수님은 어떻게 해서든 최후의 과업인 십자가를 향해 나아가셔야만 했습니다. 우리가 겟세마네 기도의 의미를 깊이 묵상할 때, 십자가로 나아가시기 전 예수님의 마음을 헤아려볼 수 있습니다. 예수님의 겟세마네 기도가 우리에게 주는 교훈은 크게 두 가지로 살펴볼 수 있습니다.

① 모든 것을 내어드려, 하나님의 뜻을 이루기 위한 기도

예수님은 분명 하나님이셨지만, 이 땅에서 죄악 가운데 고통스러워하는 연약한 우리를 온전히 이해하기 위해 우리와 같이 육신을 입으셨습니다. 그래서 예수님은 우리처럼 죄의 유혹을 받으셨으며, 우리와 똑같이 감정을 가지고 계셨고, 육체의 고통도 느끼셨습니다.

> 히 4:15 | 우리에게 있는 대제사장은 우리의 연약함을 동정하지 못하실 이가 아니요 모든 일에 우리와 똑같이 시험을 받으신 이로되 죄는 없으시니라

이 말씀에서 대제사장은 예수님을 나타내는데, 사람으로 오셔서 우리와 동일한 시험을 당하신 예수님에 대해 잘 말씀해주고 있습니다. 예수님이 사람으로 오셔서 겪은 고통들 중 십자가를 지며 당하신 고통은 그

중에서도 가장 극심한 고통이었습니다. 겟세마네 기도에는 이 고통을 감당해내기 위해 자신의 모든 인간적인 뜻을 내려놓고자 했던 예수님의 의지가 담겨있습니다. 예수님께서 십자가에서 겪으신 고통은 크게 세 가지입니다.

첫째, 십자가가 주는 육체적 고통입니다. 십자가형은 로마시대 가장 잔인한 사형 방식으로 인간이 느낄 수 있는 고통의 최고치를 경험하게 해주었습니다. 십자가형에 처해진 사람은 못 박힌 양손과 양발만을 의지한 채 온몸이 십자가에 매달려있어야 했기에 뼈가 으스러지고, 근육이 끊어지는 고통을 겪어야 했으며, 숨 쉬는 것조차 제대로 할 수 없었습니다. 결국 이렇게 사형수는 십자가에 매달려 고통 가운데 있다가, 모든 기운이 빠진 후에 사망에 이르렀습니다. 사람으로 오신 예수님은 십자가형이 주는 이와 같은 고통을 동일하게 겪으셔야 했습니다.

둘째, 십자가가 주는 죄의 고통입니다. 십자가는 예수님에게 육체의 고통을 줄 뿐만 아니라 죄의 무거운 짐까지 지도록 했습니다. 예수님은 평생 한 번도 죄를 짓지 않으셨지만, 십자가 위에서는 죄의 고통을 경험하셔야만 했습니다. 왜냐하면 예수님은 우리의 죄를 대신해 죽으셔야 했기 때문입니다. 예수님의 죽음은 보통 사람들의 죽음과는 차원이 다른 죽음이었습니다. 모든 사람의 죄를 짊어지고, 모든 사람들을 위하여 죽는 죽음이었습니다. 예수님이 짊어지신 십자가에는 우리 모두의 죄가 실려있었습니다.

사 53:6 | 우리는 다 양 같아서 그릇 행하여 각기 제 길로 갔거늘 여호

와(야훼)께서는 우리 모두의 죄악을 그에게 담당시키셨도다

고후 5:21 | 하나님이 죄를 알지도 못하신 이를 우리를 대신하여 죄로 삼
으신 것은 우리로 하여금 그 안에서 하나님의 의가 되게 하려 하심이라

끝으로, 십자가가 주는 고통은 '하나님과의 관계 단절'이었습니다. 이
는 예수님께서 십자가형을 당하시면서 가장 견디기 힘든 고통이었습니
다. 예수님은 늘 하나님과 하나이셨습니다. 하나님이 곧 예수님이고, 예
수님이 곧 하나님이셨습니다. 예수님의 삶은 쉼 없이 하나님의 임재로 충
만했습니다. 하나님의 임재는 예수님에게 최고의 기쁨이었습니다. 그런
데 십자가는 이러한 하나님의 임재를 예수님에게서 빼앗아가는 것이었습
니다. 그래서 예수님께서는 숨을 거두실 때 "나의 하나님, 나의 하나님,
어찌하여 나를 버리셨나이까"(마 27:46) 하고 말씀하셨습니다.

이처럼 겟세마네 기도는 예수님에게 우리가 상상조차 할 수 없는 큰
고통을 주었습니다. 예수님은 십자가가 주는 고통이 얼마나 큰지 누구
보다 잘 아셨습니다. 하지만 예수님에게 고통을 피하는 것보다 중요한
것은 하나님의 뜻을 이루는 것이었습니다. 자신의 모든 것을 내어드리는
희생이 따를지라도 십자가로 나아가길 원하셨습니다. 그래서 예수님은
"내 아버지여 만일 할 만하시거든 이 잔을 내게서 지나가게 하옵소서 그
러나 나의 원대로 마시옵고 아버지의 원대로 하옵소서 하시고"라고 결연
한 기도를 드리셨던 것입니다.

"나의 원대로 마시옵고 아버지의 원대로 하옵소서"라는 예수님의 기도

는 우리 모든 그리스도인들의 입술에서 고백되어야 할 기도입니다. 예수님의 겟세마네 기도는 어떠한 고통이 있을지라도, 정녕 그것이 자신의 모든 것을 내어드리는 일일지라도, 하나님의 뜻에 부합하는 일이라면 이를 이루기 위해 반드시 기도의 자리로 나아가야 한다는 사실을 교훈해줍니다. 하나님의 뜻을 이루는 것은 세상 무엇과도 비교할 수 없는 가장 고결한 가치입니다. 예수님의 겟세마네 기도를 본받아 삶 가운데 하나님의 뜻만이 이루어지기를 간절히 소망하는 우리 모두가 되어야 하겠습니다.

② 포기하지 않는 기도

우리 모두는 소원하는 바를 이루기 위해 기도합니다. 하지만 안타깝게도 많은 사람들이 원하는 것을 응답받지 못합니다. 이러한 일이 일어나는 이유는 여러 가지가 있겠지만, 그중에서도 가장 큰 이유는 우리가 기도하기를 쉽게 포기해버리기 때문일 것입니다. 심지어 어떤 사람들은 자신이 기도한 내용이 무엇이었는지조차 기억하지 못 하기도 합니다. 반드시 응답을 받아내겠다는 열정의 결여, 이것이야말로 우리가 응답받지 못하는 가장 큰 이유일 것입니다.

겟세마네 기도를 통해 예수님께서는 포기하지 않는 기도의 자세에 대해 우리에게 교훈해줍니다. 예수님의 소원은 십자가를 지는 것이었으며, 이를 한순간도 잊은 적이 없으셨습니다. 겟세마네 기도는 이 소원을 이루기 위한 마지막 단계였기에, 예수님은 포기하지 않고 기도에 매달리셨습니다. 십자가 대속은 아무리 예수님일지라도 육신의 옷을 입고 온 이상 감당해내기 어려운 대업이었습니다. 그럼에도 불구하고 예수님께서 십자가 대속을 담대하게 감당해내실 수 있었던 이유는 이것을 이루겠다는 뜨거운 열정이 있으셨기 때문입니다.

이는 겟세마네 기도를 드리신 예수님의 자세에서 알 수 있습니다. 많은 그리스도인들이 기도의 응답이 오지 않으면, 몇 번 기도하다가 기도를 포기해버리곤 합니다. 하지만 예수님은 겟세마네 동산에서 십자가 대업을 이루시기 위해 '세 번' 하나님께 나아가 같은 기도를 드리십니다.

> 마 26:44-45 | 또 그들을 두시고 나아가 세 번째 같은 말씀으로 기도하신 후 이에 제자들에게 오사 이르시되 이제는 자고 쉬라 보라 때가 가까이 왔으니 인자가 죄인의 손에 팔리느니라

희생의 죽음을 감당하기 위해 세 번씩이나 하나님께 간구한 예수님의 모습을 보면서, 우리는 포기하지 않는 기도의 자세란 무엇인지 알 수 있습니다.

그리고 예수님의 간절함은 기도의 횟수뿐만 아니라 예수님께서 드린 기도의 정성을 통해서도 알 수 있습니다. 성경은 예수님께서 어찌나 전심전력을 다해 기도하셨던지 땀이 핏방울같이 되었다고 말씀합니다.

> 눅 22:44 | 예수께서 힘쓰고 애써 더욱 간절히 기도하시니 땀이 땅에 떨어지는 핏방울 같이 되더라

예수님은 세 번 같은 자리에 나아가시고, 땀이 핏방울이 되도록 온 정

성을 다해 기도하셨기에 십자가 대속의 위대한 역사를 감당해낼 수 있으셨습니다. 겟세마네에서 기도하신 예수님을 본받아 끝까지 포기하지 않는 기도를 실천하는 우리가 되어야 할 것입니다. 하나님께 나아가기를 쉬지 않고 온 정성을 다해 기도할 때, 하나님께서 우리의 기도를 들어주실 것입니다.

2) 모세의 기도

(1) 모세가 없는 사이에 일어난 부끄러운 사건

하나님의 은혜로 애굽에서 탈출한 이스라엘 백성은 광야 여정에 나서게 됩니다. 그 가운데 시내 산에 오르게 되고, 그곳에서 하나님과 언약을 맺고, 하나님께 율법을 받습니다. 이스라엘 백성이 시내 산에 이른 시기는 애굽에서 나온 지 3개월이 지난 후였기에, 아직 그들에게는 출애굽의 감격이 깊게 남아있었을 것입니다. 하나님께서 애굽에 내리신 초자연적인 10가지 재앙들, 반으로 갈라진 홍해의 절경, 마른 땅이 된 홍해를 건너던 이스라엘 민족의 대행렬 등 이 모든 것들이 이스라엘 민족의 뇌리에 생생하게 살아있었을 것입니다.

출애굽한 이스라엘 민족은 자신들을 구원하고, 하나님의 산인 시내 산까지 이르게 해주신 하나님께 대한 감사로 충만했습니다. 그래서 그들은 하나님께서 시내 산에서 수여하신 십계명과 율법을 감사함으로 받았으며, 이를 반드시 준행하겠다고 하나님과 언약을 맺었습니다. 아마도 이스라엘 민족은 하나님께 선택받은 백성으로서 큰 자부심을 느꼈을 것이며, 율법과 함께할 앞으로의 삶을 크게 기대했을 것입니다.

> 출 24:3 | 모세가 와서 여호와(야훼)의 모든 말씀과 그의 모든 율례를 백성에게 전하매 그들이 한 소리로 응답하여 이르되 여호와(야훼)께서 말씀하신 모든 것을 우리가 준행하리이다

그리고 얼마 후 하나님은 언약의 돌판을 주기 위해 모세만을 따로 불러 산 위로 올라오라 명하십니다.

> 출 24:12 | 여호와(야훼)께서 모세에게 이르시되 너는 산에 올라 내게로 와서 거기 있으라 네가 그들을 가르치도록 내가 율법과 계명을 친히 기록한 돌판을 네게 주리라

모세는 산에 올라가 여러 구체적인 하나님의 계명을 받게 되고, 하나님께서 말씀하시기를 다 마치신 후 증거의 돌판을 가지고 산에서 내려옵니다. 그런데 모세 앞에 믿을 수 없는 광경이 벌어지고 있었습니다. 이스라엘 민족들이 금송아지 우상을 만들어 그것을 예배하고, 먹고 마시며 놀고 있는 것이었습니다. 출애굽에 감격하여 기뻐 찬양하고, 하나님께 십계명을 받고, 하나님의 율법을 준행하겠다고 언약을 맺었던 이스라엘

백성들의 모습은 온데간데없었습니다. 이때의 참상을 성경은 이렇게 말씀합니다.

> 출 32:4-6 | 아론이 그들의 손에서 금 고리를 받아 부어서 조각칼로 새겨 송아지 형상을 만드니 그들이 말하되 이스라엘아 이는 너희를 애굽 땅에서 인도하여 낸 너희의 신이로다 하는지라 아론이 보고 그 앞에 제단을 쌓고 이에 아론이 공포하여 이르되 내일은 여호와(야훼)의 절일이니라 하니 이튿날에 그들이 일찍이 일어나 번제를 드리며 화목제를 드리고 백성이 앉아서 먹고 마시며 일어나서 뛰놀더라

십계명을 선포하신 하나님의 목소리의 울림이 귀에서 채 사라지기도 전에, 그들은 제2계명에서 금하고 있는 우상숭배를 범했던 것입니다. 모세가 하나님을 만나기 위해 며칠 자리를 비운 사이를 참지 못하고, 하나님과의 약속을 저버린 것입니다. 이러한 이스라엘 민족을 향해 하나님은 크게 노하시고, 다음과 같이 말씀하십니다.

> 출 32:9-10 | 여호와(야훼)께서 또 모세에게 이르시되 내가 이 백성을 보니 목이 뻣뻣한 백성이로다 그런즉 내가 하는 대로 두라 내가 그들에게 진노하여 그들을 진멸하고 너를 큰 나라가 되게 하리라

(2) 하나님의 진노를 가라앉히고, 이스라엘 백성을 구원한 중보기도

이스라엘의 우상숭배에 진노하신 하나님은 이스라엘을 진멸하고 모세 한 사람을 통해 새로운 나라를 세우겠다고 말씀하셨습니다. 모세는 불순종한 이스라엘과 진노하신 하나님 사이에 끼어서 매우 복잡한 심정이었을 것입니다. 이러한 상황에서 민족의 지도자 모세는 무엇을 해야 할지 선택해야만 했습니다. 그때 그가 선택한 것은 기도였습니다. 하나님께 나아가 이스라엘을 대신하여 회개하며 그들을 위해 중보기도하기로 결단한 것입니다.

모세가 그의 하나님 여호와(야훼)께 구하여 이르되 여호와(야훼)여 어찌하여 그 큰 권능과 강한 손으로 애굽 땅에서 인도하여 내신 주의 백성에게 진노하시나이까 어찌하여 애굽 사람들이 이르기를 여호와(야훼)가 자기의 백성을 산에서 죽이고 지면에서 진멸하려는 악한 의도로 인도해 내었다고 말하게 하시려 하나이까 주의 맹렬한 노를 그치시고 뜻을 돌이키사 주의 백성에게 이 화를 내리지 마옵소서 주의 종 아브라함과 이삭과 이스라엘을 기억하소서 주께서 그들을 위하여 주를 가리켜 맹세하여 이르시기를 내가 너희의 자손을 하늘의 별처럼 많게 하고 내가 허락한 이 온 땅을 너희의 자손에게 주어 영원한 기업이 되게 하리라 하셨나이다 (출애굽기 32장 11-13절)

(3) 모세의 중보기도가 주는 의미

모세의 중보기도는 중보기도의 모범으로 교회와 가정과 국가 등 우리가 속한 공동체를 위하는 우리의 자세에 대해서도 깨달음을 줍니다. 모세의 기도에서 우리는 다음의 두 가지 의미를 살펴볼 수 있습니다.

① 하나님의 언약을 기억하며 기도하다.

하나님이 이스라엘을 구원하시고 도우시는 이유는 하나님과 이스라엘이 맺은 언약 때문이었습니다. 특별히 이스라엘의 조상 아브라함, 이삭, 야곱과 맺은 언약은 하나님으로 하여금 이스라엘을 늘 돌보고 기억하도록 하셨습니다. 성경은 이렇게 말씀합니다.

> 출 2:24-25 | 하나님이 그들의 고통 소리를 들으시고 하나님이 아브라함과 이삭과 야곱에게 세운 그의 언약을 기억하사 하나님이 이스라엘 자손을 돌보셨고 하나님이 그들을 기억하셨더라

하나님과 이스라엘의 조상들이 맺은 언약은 창세기 17장 2절로 8절에 자세히 나와있습니다.

> 창 17:2-8 | 내가 내 언약을 나와 너 사이에 두어 너를 크게 번성하게 하리라 하시니 ... 내가 내 언약을 나와 너 및 네 대대 후손 사이에 세워서 영원한 언약을 삼고 너와 네 후손의 하나님이 되리라 내가 너와 네 후손에게 네가 거류하는 이 땅 곧 가나안 온 땅을 주어 영원한 기업이

되게 하고 나는 그들의 하나님이 되리라

이처럼 하나님은 아브라함에게 너의 후손들을 번성하게 하고, 그들에게 가나안 땅을 차지하게 해줄 것이라고 언약을 맺으셨습니다. 모세는 이 언약을 마음에 깊이 새기고 수시로 되새겼습니다. 모세는 '하나님은 언약을 지키시는 신실한 분이시기에, 반드시 우리를 가나안 땅까지 인도해주실 것이다.'라는 믿음으로 충만했습니다. 그래서 광야를 걷던 이스라엘에게 위기가 왔을 때 이 언약의 말씀을 붙잡았으며, 다음과 같이 기도했습니다.

출 32:13 | 주의 종 아브라함과 이삭과 이스라엘을 기억하소서 주께서 그들을 위하여 주를 가리켜 맹세하여 이르시기를 내가 너희의 자손을 하늘의 별처럼 많게 하고 내가 허락한 이 온 땅을 너희의 자손에게 주어 영원한 기업이 되게 하리라 하셨나이다

이러한 모세의 중보기도는 하나님의 마음을 움직이기에 충분했습니다. 이스라엘을 금방이라도 진멸하실 것만 같았던 하나님이 뜻을 돌이키신 것입니다.

출 32:14 | 여호와(야훼)께서 뜻을 돌이키사 말씀하신 화를 그 백성에게 내리지 아니하시니라

하나님은 왜 언약을 의지한 모세의 기도를 기뻐하신 것일까요? 그 이유는 크게 두 가지입니다.

첫째, 언약을 의지했다는 것은 '하나님의 말씀에 귀를 기울였다'는 뜻이기 때문입니다. 이스라엘의 조상과 하나님이 맺은 언약은 이스라엘을 향한 하나님의 축복의 말씀이었습니다. 이스라엘을 번성하게 하고, 그들에게 땅을 주고, 그들을 복되게 하겠다는 하나님의 축복 선언이었습니다. 모세가 언약을 기억했다는 것은 이러한 하나님의 말씀에 귀를 기울였다는 것을 의미합니다. 모세는 늘 이 말씀을 마음에 새기고 기도할 때마다 의지했습니다. 하나님은 말씀에 귀 기울여 기도한 모세를 기뻐하셨고, 그의 기도에 응답하셨습니다.

둘째, 언약을 의지했다는 것은 '하나님의 신실하심을 신뢰했다'는 뜻이기 때문입니다. 모세는 언약을 기억한 것뿐만 아니라 그 언약을 이루실 하나님을 신뢰했습니다. 하나님께서 반드시 언약을 기억하사 이스라엘을 용서하시고 가나안까지 인도해주실 것이라는 믿음이 있었습니다. 하나님은 약속을 이루실 하나님을 신뢰하며 기도한 모세를 기뻐하셨습니다.

민 14:18-19 │ 여호와(야훼)는 노하기를 더디하시고 인자가 많아 죄악과 허물을 사하시나 형벌 받을 자는 결단코 사하지 아니하시고 아버지의 죄악을 자식에게 갚아 삼사대까지 이르게 하리라 하셨나이다 구하옵나니 주의 인자의 광대하심을 따라 이 백성의 죄악을 사하시되 애굽에서부터 지금까지 이 백성을 사하신 것 같이 사하시옵소서 오늘날 우리도 예수 그리스도의 십자가 보혈을 의지할 때 하나님과 언약을 맺을 때 하나님의 백성이 됩니다.

> 막 14:24 | 이르시되 이것은 많은 사람을 위하여 흘리는 나의 피 곧 언약의 피니라

그리고 하나님의 언약 백성 앞에 놓인 삶은 형통함입니다. 왜냐하면 하나님은 우리에게 좋은 것 주시기를 원하는 좋으신 하나님이시기 때문입니다. 우리도 모세가 그랬던 것처럼 하나님과 맺은 언약을 기억하며, 언약을 이루실 하나님을 신뢰하며 기도해야 할 것입니다. 하나님은 언약 안에서 드리는 기도에 귀 기울이시고 응답하십니다.

② 이웃의 허물을 감싸 안으며 기도하다.

우리는 때때로 타인의 잘못을 대신 책임져야 할 때가 있습니다. 특별히 부모들의 경우 자녀들의 잘못을 대신 처리해야 하는 경우가 많이 있습니다. 이스라엘 민족의 지도자 모세 또한 이와 같은 상황을 광야 여정 동안 계속해서 겪습니다. 이스라엘 민족과 함께 광야를 걸으면서 그들의 잘못 때문에, 자신이 대신 하나님께 용서를 구해야 하는 상황에 여러 번 직면했던 것입니다. 이번 금송아지 사건은 그중에서도 가장 대표적인 경우입니다.

그런데 이러한 상황에 놓일 때마다 모세는 대부분의 경우 하나님께 불평하기보다 이스라엘을 구원해달라고 중보기도를 드립니다. 모세는 참

으로 온유한 지도자였습니다. 이스라엘의 잘못을 알면서도 그들의 허물을 감싸 안으며 그들을 위해 기도한 것입니다.

심지어 하나님께서 모세만 남겨두고 이스라엘은 진멸하여 새 나라를 세운다는 말씀에도 모세는 꿋꿋이 이스라엘 민족의 구원을 위해 기도합니다. 이것도 모자라 이스라엘을 살려야겠다는 의지가 어찌나 강했던지, 나중에는 자신의 구원을 걸면서 이스라엘을 구원해달라고 하나님께 간구합니다.

출 32:32 | 그러나 이제 그들의 죄를 사하시옵소서 그렇지 아니하시오면 원하건대 주께서 기록하신 책에서 내 이름을 지워 버려 주옵소서

하나님은 이와 같이 이스라엘의 잘못을 대신하겠다는 모세의 결단과 기도를 기쁘게 보시고, 이스라엘과 40년 광야 생활을 함께하시고, 그들을 축복의 땅 가나안까지 인도하십니다.

이스라엘의 허물을 지적하기보다 이를 끌어안고 기도했던 모세의 모습을 우리는 본받아야 할 것입니다. 모세와 같은 태도야말로 진정한 작은 예수의 영성이며, 참된 중보기도자의 모습입니다. 이웃을 사랑으로 품으며 기도할 때 하나님께서 흡족해하시고, 이웃과 나 모두가 잘 될 수 있다는 것을 기억해야 할 것입니다.

3) 여호수아의 기도

(1) 기브온 전투에 임하는 이스라엘

모세의 후계자 여호수아의 지도 아래 이스라엘 민족은 가나안 땅에 입성합니다. 그러나 가나안 땅에 발을 디뎠다고 해서 그곳이 완전히 이스라엘의 소유가 되는 것은 아니었습니다. 이스라엘에게는 가나안 땅을 전쟁을 통해 쟁취해야 하는 과업이 남아있었습니다. 그래서 이스라엘은 가나안에서 전쟁을 치르게 되고, 하나님의 도우심으로 가나안 최대의 요새인 여리고 성을 정복하고 아이 성마저도 무너뜨렸습니다. 이에 가나안 족속들 중 기브온 족속은 여호와(야웨) 하나님을 힘입어 승승장구하는 이스라엘에게 화친을 요청하기에 이릅니다.

기브온은 가나안 족속들 중에서도 강력한 족속이었기에 이들이 이스라엘과 화친을 이루었다는 소식은 다른 많은 가나안 족속들에게 큰 충격을 가져다주었습니다.

> 수 10:1-2 │ 그 때에 여호수아가 아이를 빼앗아 진멸하되 여리고와 그 왕에게 행한 것 같이 아이와 그 왕에게 행한 것과 또 기브온 주민이 이스라엘과 화친하여 그 중에 있다 함을 예루살렘 왕 아도니세덱이 듣고 크게 두려워하였으니 이는 기브온은 왕도와 같은 큰 성임이요 아이보다 크고 그 사람들은 다 강함이라

이에 훗날에는 이스라엘의 땅이 되지만 당시에는 가나안 족속의 땅이었던 예루살렘의 아도니세덱 왕이 주변에 있는 네 족속에게 서신을 보내, 함께 기브온 족속을 칠 것을 요청합니다. 결국 가나안의 다섯 족속이 기브온 성 앞에 진을 치고 기브온을 공격할 태세를 취합니다.

이를 본 기브온 사람들은 여호수아에게 급히 도움을 구합니다. 전보를 들은 여호수아는 동맹을 맺은 민족을 돕지 않을 수 없다는 생각에, 전 이스라엘의 군대를 이끌고 기브온으로 향했습니다. 다섯 민족의 연합군과 싸우는 불리한 상황이었으나 여호수아에게는 이스라엘을 돕겠다는 하나님의 약속의 말씀이 있었습니다.

> 수 10:8 | 그 때에 여호와(야훼)께서 여호수아에게 이르시되 그들을 두려워하지 말라 내가 그들을 네 손에 넘겨주었으니 그들 중에서 한 사람도 너를 당할 자 없으리라 하신지라

(2) 천체를 움직이는 기도

이스라엘과 기브온 동맹군과 가나안 다섯 족속 연합군이 맞붙은 전쟁은 이스라엘과 기브온 동맹군의 승리로 끝이 납니다. 이 승리는 이스라엘과 기브온의 군사력이 뛰어났기 때문이라기보다 하나님의 기적적인 도움 덕분이었습니다. 그리고 여호수아의 기도가 있었기에 하나님께서 이들을 향해 도움의 손길을 뻗으실 수 있었습니다.

여호와(야훼)께서 아모리 사람을 이스라엘 자손에게 넘겨주시던 날에 여호수아가 여호와(야훼)께 아뢰어 이스라엘의 목전에서 이르되 태양아 너는 기브온 위에 머무르라 달아 너도 아얄론 골짜기에서 그리할지어다 하매 태양이 머물고 달이 멈추기를 백성이 그 대적에게 원수를 갚기까지 하였느니라 야살의 책에 태양이 중천에 머물러서 거의 종일토록 속히 내려가지 아니하였다고 기록되지 아니하였느냐 여호와(야훼)께서 사람의 목소리를 들으신 이같은 날은 전에도 없었고 후에도 없었나니 이는 여호와(야훼)께서 이스라엘을 위하여 싸우셨음이니라 (여호수아 10장 12~14절)

(3) 여호수아의 기도가 주는 의미

① 자연의 법칙을 뛰어넘는 기도

우리 모두는 과학문명이 고도로 발달한 시대를 살아가고 있습니다. 인간의 지성은 시간이 지나면 지날수록 자연에서 일어나는 일들의 원리들을 하나둘씩 더 깊이 이해하고 있습니다. 현대 과학은 지구에는 왜 낮과 밤이 존재하고 비가 내리는지, 동식물과 인간은 무엇을 통해 에너지를 얻는지 등에 대해 입증해내고 있습니다. 그러나 아무리 과학이 발달할지라도 인간의 능력으로는 자연을 이해하거나 자연의 작은 일부분을 다루는 것에 그칠 뿐, 자연을 지배하는 데까지는 이르지 못합니다. 왜냐하면 인간도 자연과 동일하게 하나님의 피조물이기 때문입니다.

그러나 자연을 통제할 수 있는 유일한 존재가 있습니다. 바로 자연과 인간을 창조하신 하나님이십니다. 인간은 늘 자연의 경이로움 앞에 무릎을 꿇을 수밖에 없지만, 하나님은 그 자연을 하나님의 의지대로 움직일 수 있으십니다. 이러한 창조주 하나님에 대한 믿음은 우리 신앙의 첫 단추입니다. 그래서 성경의 첫 구절은 이렇게 선포합니다.

창 1:1 | 태초에 하나님이 천지를 창조하시니라

여호수아는 이러한 창조주 하나님에 대한 믿음이 있었습니다. 하나님께서 자연의 법칙을 초월한 능력을 행하실 수 있는 분이라는 사실을 믿었습니다. 그래서 그는 다음과 같이 선포했습니다.

수 10:12 | 태양아 너는 기브온 위에 머무르라 달아 너도 아얄론 골짜기에서 그리할지어다

여호수아의 선포에 실제로 태양과 달이 멈추고 종일토록 태양 빛이 대지를 비추었습니다. 그리고 그 틈을 타 이스라엘과 기브온 동맹군은 적군을 물리칠 수 있었습니다.

하나님을 얼마나 신뢰하고 계십니까? 자연과학이 진보하면서 많은 사람들이 과학을 통해 입증되지 않은 것은 믿지 않으려고 합니다. 과학이 말하는 상식에서 벗어난 일들에 대해서는 그저 침묵하거나, 거짓이라고 묵인해버립니다. 많은 사람들이 기적과 신적 치유 등의 존재에 대해 부정합니다. 심지어 기독교인들마저도 기적과 신유를 거부하기도 합니다.

그런데 우리가 기억해야 할 것은 자연을 만드신 분은 하나님이라는 사실입니다. 창세기 1장 1절의 말씀을 되새겨야 합니다. 창조주의 뜻에 의해 '자연의 법칙을 초월하는 기적'은 때에 따라 일어날 수 있습니다. 인간은 할 수 없지만 하나님께서 역사하시면 기적은 일어납니다. 여호수아에게 일어났던 기적처럼 결코 이루어질 수 없을 것 같은 일이 일어나며, 결코 고칠 수 없을 것 같은 질병이 고침받습니다.

여호수아의 기도를 본받아 기적을 베푸시는 하나님을 신뢰해야 합니다. 우리가 기도의 무릎을 꿇을 때 이스라엘 민족을 위해 천체를 움직이셨던 하나님께서 상상할 수 없는 놀라운 기적을 베풀어주실 것입니다.

② 하나님께서 비전을 이루실 것을 믿는 기도

하나님께서는 이스라엘을 이끌게 된 여호수아에게 비전을 심어주셨습니다. 이는 앞으로 이스라엘 민족이 누릴 축복의 청사진이었습니다.

> 수 1:2-4 | 내 종 모세가 죽었으니 이제 너는 이 모든 백성과 더불어 일어나 이 요단을 건너 내가 그들 곧 이스라엘 자손에게 주는 그 땅으로 가라 내가 모세에게 말한 바와 같이 너희 발바닥으로 밟는 곳은 모두 내가 너희에게 주었노니 곧 광야와 이 레바논에서부터 큰 강 곧 유브라데 강까지 헷 족속의 온 땅과 또 해 지는 쪽 대해까지 너희의 영토가 되리라

여호수아는 이스라엘 백성을 이끌고 가나안에 들어가 가나안을 정복해야 한다는 막중한 임무를 맡게 되자, 두려워하지 않을 수 없었습니다.

하지만 하나님은 여호수아에게 '강하고 담대하라 내가 너와 함께할 것이다'라고 위로와 격려의 말씀을 주셨습니다.

그러나 가나안 땅 정복은 생각만큼 쉬운 것이 아니었습니다. 결코 무너지지 않을 것만 같았던 여리고 성과 쉬워보였지만 사실 쉽지 않았던 아이 성을 무너뜨리고 난 이후에도 또 다른 문제의 산이 여호수아와 이스라엘 민족을 가로막았습니다. 가나안 다섯 족속이 연합하여 전쟁을 걸어온 것입니다. 가나안 정복이라는 하나님의 비전을 이루는 길은 말 그대로 첩첩산중이었습니다.

하지만 여호수아에게는 하나님께서 약속하신 비전을 성취해주실 것이라는 굳은 믿음이 있었습니다. 이러한 믿음이 있었기에 아무리 큰 위협이 다가올지라도 뒤로 물러서지 않고, 담대히 기도의 자리로 나아갈 수 있었던 것입니다. 하나님께서는 하나님의 뜻을 이루기 위해 우리 모두에게 비전을 주십니다. 앞으로 우리가 무엇을 하며 하나님께 영광을 돌려야 할지 제시해주십니다. 그런데 아무리 하나님께서 가라 하신 길이지만 항상 평탄한 것만은 아닙니다. 고난과 문제가 끊이질 않습니다. 그럴 때마다 우리는 무엇을 기억해야 할까요? 바로 '비전을 주신 분은 하나님이시고, 이루실 분도 하나님이다'라는 사실을 기억해야 합니다. 하나님께서 약속하신 것은 우리의 힘으로 이루는 것이 아닙니다. 하나님께서 이루십니다.

여호수아와 같이 담대한 믿음으로 기도의 자리에 나아가시기 바랍니다. 하나님께서 우리를 반드시 도우시고, 비전을 이루실 것이라 믿는 확신의 기도를 드리시기 바랍니다. 그러할 때 하나님이 친히 역사하시고 비전을 성취하실 것입니다.

4) 한나의 기도

(1) 아기를 갖지 못해 원통해하는 한나

사사시대가 끝나갈 무렵 에브라임 산지에 엘가나라는 사람이 살고 있었습니다. 그는 매년 하나님의 성소에 올라가 기도하는 신실한 사람이었는데, 그에게는 한나와 브닌나라는 두 아내가 있었습니다. 그런데 한나에게는 자식이 없었고, 브닌나에게는 자식이 있었습니다. 그래서 브닌나는 늘 자식이 없는 한나를 멸시하고 그녀의 마음을 괴롭게 했습니다. 자식 없는 서러움에 브닌나의 괴롭힘까지 더해져 한나의 마음에는 원통함이 떠나지를 않았습니다.

(2) 한나가 하나님께 원통함을 아뢰다

엘가나가 하나님의 성소인 실로에 올라간 날 한나는 홀로 하나님께 나아가 기도를 드립니다. 한나는 하나님께서 자신을 지켜보시고 사랑하신다는 사실을 늘 신뢰하고 있었습니다. 그래서 그녀는 자신의 마음속에 있는 깊은 원통함을 하나님께로 가져갑니다.

한나가 마음이 괴로워서 여호와(야훼)께 기도하고 통곡하며 서원하여 이르

> 되 만군의 여호와(야훼)여 만일 주의 여종의 고통을 돌보시고 나를 기억하
> 사 주의 여종을 잊지 아니하시고 주의 여종에게 아들을 주시면 내가 그의
> 평생에 그를 여호와(야훼)께 드리고 삭도를 그의 머리에 대지 아니하겠나이
> 다 (사무엘상 1장 10-11절)

(3) 한나의 기도가 주는 의미

한나는 삶의 문제와 어려움이 다가왔을 때, 하나님께 나아가 기도한 대표적인 성경 속 인물입니다. 그녀의 기도는 많은 그리스도인들에게 기도의 중요성을 일깨워줍니다. 이와 더불어 서원기도의 훌륭한 모델이 되기도 합니다. 왜냐하면 사무엘이라는 위대한 선지자는 한나의 서원기도를 통해 태어났기 때문입니다.

① 절망 가운데서 하나님을 찾다.

우리는 삶을 살아가면서 누구에게 마음을 터놓아야 하며, 누구의 말을 들어야 할지 고민합니다. 때때로 우리는 열지 말아야 할 사람에게 마음을 열어 낭패를 보거나, 귀 기울이지 말아야 할 사람의 말을 들어서 오히려 문제가 더 커지는 경우를 경험하곤 합니다. 기도는 우리보다 우리를 더 잘 아시고, 우리의 마음속 가장 깊은 곳까지도 헤아리시는 하나님께 우리의 마음을 열고, 세상 만물을 주관하시고 모든 문제의 해결자 되시는 하나님의 말씀을 듣는 자리입니다.

엘가나의 아내 한나는 이와 같은 기도의 의미를 확실하게 알았던 사람입니다. 그래서 기도를 통해 하나님께 자신의 모든 것을 쏟아냈습니다(삼상 1:15). 한나는 자식이 없음으로 인한 마음속 깊은 상처, 또한 브닌나의 멸시와 시기로 인한 상심을 하나님께 털어놓았습니다. 그녀의 간절한 기도에 대해 성경은 말씀합니다.

삼상 1:10 | 한나가 마음이 괴로워서 여호와(야훼)께 기도하고 통곡하며

하나님은 이처럼 자신의 마음속 깊은 것을 털어놓은 한나의 기도에 응답하십니다. 그리고 한나에게 그녀가 그토록 원하던 자녀를 선물로 주십니다.

삼상 1:17 | 엘리가 대답하여 이르되 평안히 가라 이스라엘의 하나님이
네가 기도하여 구한 것을 허락하시기를 원하노라 하니

한나의 기도는 우리로 하여금 절망 가운데서 우리가 찾아야 할 분은 다른 누군가가 아닌 오직 하나님 한 분뿐임을 알게 해줍니다. 사람에게 인생의 해답, 문제의 해답이 있는 것이 아닙니다. 우리 삶의 안내자이자 해결사는 오직 하나님이십니다. 이 사실을 늘 기억하며, 기도의 자리에 나아가기를 힘쓰는 우리 모두가 되어야 할 것입니다.

② 가정의 문제를 기도로 해결하다.

가정은 하나님께서 이 땅에 허락하신 작은 천국입니다. 다른 어떠한 곳보다 가정에서 예수님을 닮은 사랑을 실천할 때 우리는 하나님의 함께 하심을 깊이 느낄 수 있고, 큰 영적 성장을 이룰 수 있습니다. 그러나 그만큼 가정은 영적인 전쟁이 심하게 이루어지는 곳이기도 합니다. 그래서 우리는 늘 가정을 위해 기도해야 합니다.

한나의 가정도 예배하는 가정이었으나 문제를 피할 수는 없었습니다. 특별히 한나를 멸시한 브닌나로 인한 관계의 문제가 있었습니다.

삼상 1:6 | 여호와(야훼)께서 그에게 임신하지 못하게 하시므로 그의 적수인 브닌나가 그를 심히 격분하게 하여 괴롭게 하더라

한나의 기도는 가정에 문제가 생겼을 때, 이에 대처하는 가장 바람직한 방법이란 무엇인지에 대해 알려줍니다. 한나는 자신을 멸시하는 브닌나를 향해 잘잘못을 따지며 그녀와 갈등을 일으키지 않았습니다. 그리고 엘가나에게 찾아가 이간질하지도 않았습니다. 가정 문제의 해결자는 오직 하나님밖에 없음을 잘 알았기에, 한나는 자신의 심정을 하나님께 아뢰었습니다.

가정의 진정한 리더는 기도하는 사람입니다. 하나님은 기도하는 한 사람을 통해 가정을 천국으로 세워주시고, 그 가정에 큰 복을 주십니다. 가정에 문제가 생겼을 때, 가족 구성원 간에 편을 가르거나 혼자서 문제를 끌어안고 전전긍긍하지 마시기 바랍니다. 가정의 문제를 해결하기 위

한 최선의 길은 기도하는 데에 있다는 사실을 기억하며, 기도의 자리에 나아가기를 힘쓰는 우리 모두가 되기를 소원합니다.

5) 다니엘의 기도

(1) 예루살렘에서 온 독보적 인재, 다니엘

주전 586년 동방의 신흥 강국 바벨론에 의해 예루살렘은 함락되고 남유다는 멸망당합니다. 남유다의 백성들은 씻을 수 없는 아픔과 상실감에 휩싸이고, 엎친 데 덮친 격으로 많은 사람들이 바벨론에 포로로 끌려갑니다. 바벨론 왕 느부갓네살은 포로로 끌려간 이들 중 특별히 총명함이 돋보이는 소년들을 따로 모아 바벨론의 언어와 학식, 문화를 배우도록 하는데, 이들 중에는 다니엘도 포함되어 있었습니다.

바벨론에서 선진 교육을 받은 다니엘은 어린 나이 때부터 하나님이 함께하시므로 그의 세 친구와 함께 두각을 나타냅니다.

> 단 1:17 | 하나님이 이 네 소년에게 학문을 주시고 모든 서적을 깨닫게
> 하시고 지혜를 주셨으니 다니엘은 또 모든 환상과 꿈을 깨달아 알더라

다니엘이 이스라엘의 동쪽 광활한 메소포타미아 지방, 오늘날의 이라

크와 이란이 있는 지역으로 끌려간 사이 그 지방의 패권국이 총 세 번 바뀝니다. 처음에는 바벨론, 그다음은 메대, 끝으로 바사까지, 다니엘은 이렇게 세 번씩이나 왕조가 바뀌는 동안 한 번도 낙오되지 않고 고위 관직의 자리를 지키며 군계일학의 역량을 발휘합니다.

그래서 다니엘 주변에는 늘 그를 시기하는 자들이 있었습니다. 메대의 다리오 왕은 지방 정치와 중앙 정치 간에 균형을 이루고자 각 지방에 고관 120명을 파견하여 관할하도록 했고, 그 위에 총리 셋을 두어 이들을 관리하도록 했습니다. 여기서 다니엘은 세 명의 총리 중의 한 사람으로서 가장 탁월한 역량을 보입니다. 이를 눈여겨본 다리오 왕은 다니엘을 모든 신하 중에 최고의 위치에 세워 전국을 다스리도록 하고자 합니다.

단 6:3 | 다니엘은 마음이 민첩하여 총리들과 고관들 위에 뛰어나므로 왕이 그를 세워 전국을 다스리게 하고자 한지라

이 소식을 들은 총리들과 고관들은 멸망당한 작은 나라, 남유다 출신 다니엘이 다리오 왕의 신임을 얻어 자신들 위에 앉는다는 것을 용납할 수 없었습니다. 그래서 이들은 다니엘을 끌어내리기 위한 궁리를 합니다. 그런데 하나님을 경외하여 정직하고 청렴한 삶을 살았던 다니엘이었기에 그들은 다니엘을 책잡을만한 근거를 하나도 찾지 못했습니다. 그러나 그들은 결국 다니엘을 궁지에 몰 수 있는 한 가지 약점을 찾아내는데, 그것은 바로 '다니엘의 기도'였습니다.

다니엘은 포로로 끌려간 후에도 하나님 경외하기를 잊지 않고, 하나님

께 하루에 세 번 기도하기를 거르지 않고 있었습니다. 총리들과 고관들은 바로 이 다니엘의 기도를 책잡아 그를 고발하고자 한 것입니다. 그들은 앞으로 40일 동안 왕 외에 다른 신에게 기도하는 자는 사자 굴에 던져넣어야 한다는 법령을 통과시킵니다.

> 단 6:7 | 나라의 모든 총리와 지사와 총독과 법관과 관원이 의논하고 왕에게 한 법률을 세우며 한 금령을 정하실 것을 구하나이다 왕이여 그것은 곧 이제부터 삼십일 동안에 누구든지 왕 외의 어떤 신에게나 사람에게 무엇을 구하면 사자 굴에 던져 넣기로 한 것이니이다

(2) 기도를 멈추지 않은 다니엘

메대의 고위 지도자들이 다니엘 한 사람을 음해하기 위해 내린 법령에 왕의 조서가 찍혔습니다. 이 소식은 다니엘에게까지 전해집니다. 하지만 다니엘에게 왕이 내린 법령보다 중요한 것이 하나님을 예배하는 것이었습니다. 그는 평소대로 하루의 세 번 하나님께 기도로 나아가기를 멈추지 않았습니다.

> 다니엘이 이 조서에 왕의 도장이 찍힌 것을 알고도 자기 집에 돌아가서는 윗방에 올라가 예루살렘으로 향한 창문을 열고 전에 하던 대로 하루 세 번씩 무릎을 꿇고 기도하며 그의 하나님께 감사하였더라 (다니엘 6장 10절)

(3) 다니엘의 기도가 주는 의미

① 어떤 때와 상황에서든 기도하다.

남유다 백성들의 신앙은 예루살렘 성전 중심이었습니다. 그래서 이들의 신앙생활에서 가장 중요한 것은 예루살렘 성전에서 드리는 예배였습니다. 하나님께서도 예루살렘 성전을 사모하셔서 다음과 같이 말씀하셨습니다.

> 대하 7:16 | 이는 내가 이미 이 성전을 택하고 거룩하게 하여 내 이름을
> 여기에 영원히 있게 하였음이라 내 눈과 내 마음이 항상 여기에 있으리라

남유다 사람들은 하나님께서 택하신 예루살렘 성전을 지극히 사랑했기에, 바벨론에 의해 예루살렘이 멸망하고 성전이 파괴되었을 때 통곡하며 울었습니다. 많은 남유다 사람들이 '이제 이스라엘 민족의 역사는 끝난 것인가?', '예루살렘 성전이 멸망당하고 있는데 하나님은 뭐하고 계셨나?', 심지어 '하나님은 살아계신가?'라고 생각하기도 했습니다. 그로 인해 상당수 남유다 사람들이 하나님에 대한 믿음을 저버리고 자신만의 삶을 살아갔습니다.

그런데 과연 예루살렘 성전의 파괴는 이스라엘의 끝을 의미하는 것이었을까요? 하나님은 바벨론에게 패배한 것이었을까요? 아닙니다. 하나님은 결코 어떠한 존재에게도 패배하지 않으시고, 이스라엘을 끝까지 지키시는 분이십니다. 그러하기에 이스라엘의 역사는 끝난 것이 아니었습

니다. 예루살렘의 멸망은 하나님의 말씀에 순종하지 않는 남유다를 향한 사랑의 매일 뿐이었습니다. 그리고 바벨론도 하나님의 손에 들린 도구에 불과했습니다.

그래서 하나님은 예레미야를 통해 이스라엘의 회복을 말씀하셨습니다.

> 렘 30:10 | 여호와(야훼)의 말씀이니라 그러므로 나의 종 야곱아 너는 두려워하지 말라 이스라엘아 놀라지 말라 내가 너를 먼 곳으로부터 구원하고 네 자손을 잡혀가 있는 땅에서 구원하리니 야곱이 돌아와서 태평과 안락을 누릴 것이며 두렵게 할 자가 없으리라

다니엘은 바벨론에 포로로 끌려갔음에도 불구하고, 결코 패배하지 않으시는 하나님, 다시 이스라엘을 회복하고, 예루살렘 성전을 재건하실 하나님에 대한 믿음으로 충만했던 사람이었습니다. 그는 하나님을 향한 믿음을 놓지 않았습니다.

이러한 믿음으로 다니엘은 예루살렘 성전이 아닌 바벨론에서도 하나님을 예배했습니다. 우상들이 만연하는 이방 땅에서 하나님을 바라봤습니다. 그리고 하나님께서 다시 이스라엘을 회복시키시고, 예루살렘 성전을 재건해주실 것이라 굳게 믿었습니다. 다니엘의 기도는 그의 믿음에서 나온 확신에 찬 고백이었습니다.

우리의 삶에도 바벨론이 침공할 때가 있습니다. 영적 침체의 바벨론, 물질적 빈곤의 바벨론, 사업과 직장의 어려움의 바벨론, 가족 및 사람들과의 갈등으로 인한 바벨론, 질병의 바벨론 등 많은 문제들이 우리를 엄

습해올 때가 있습니다. 어쩌면 이러한 바벨론의 위협이 너무나 강력해 우리의 힘으로는 아무런 손을 쓸 수 없는 상황에 놓이게 될지도 모릅니다.

그러나 우리가 심령 깊숙한 곳에 간직해야 할 것은 무엇일까요? 그것은 하나님에 대한 변치 않는 믿음입니다. 하나님께서 이스라엘을 회복시키셨듯이 우리의 삶을 회복시켜주실 것이라는 믿음, 우리의 삶이 아무리 어려움 가운데 있고 초라할지라도, 우리가 믿는 하나님은 세상 권세에 결코 패배하지 않는 분이라는 믿음을 굳건히 붙잡아야 할 것입니다.

그리고 다니엘처럼 자리를 지키며 하나님께 기도해야 할 것입니다. 기도는 우리가 하나님을 신뢰한다는 믿음의 증거입니다. 하나님께서 다시 우리의 삶을 회복시키시고, 우리를 보호해주실 것을 확신하며 기도하는 것을 게을리하지 말아야 합니다. 다니엘과 같이 주님을 신뢰하는 가운데서 믿음을 지킬 때, 주님께 영광이 되고, 하나님께서 우리의 삶에 역사하실 것입니다.

② 굳건한 신앙의 절개로 기도하다.

다니엘의 상황은 기도할 수 없는 상황이었습니다. 이보다 더, '다리오 왕 외에 다른 신에게 기도하면 죽는다는 조서'가 내려진 이상 결코 기도해서는 안 되는 상황이었습니다. 그러나 다니엘의 마음에 다리오 왕의 조서보다 중요한 것이 있었으니, 그것은 바로 하나님의 말씀이었습니다. 아무리 왕의 조서일지라도 다니엘의 기도하고자 하는 의지를 꺾을 수는 없었습니다.

다니엘에게 기도의 자리는 목숨이 달아날지라도 비울 수 없는 자리였습니다. 기도는 목숨보다 소중한 것이었습니다. 조금 더 깊게 생각해본다면, 다니엘에게 있어서 인생 최고의 가치는 기도를 통해 얻을 수 있는 '하나님과의 친밀함'이었습니다. 하나님과 깊은 관계로 나아가도록 해주는 기도를 다니엘은 결코 포기할 수 없었던 것입니다. 이처럼 다니엘은 '굳건한 신앙의 절개'를 소유했던 인물이었습니다.

우리의 삶 가운데서도 다니엘처럼 신앙의 절개를 위협하는 순간이 올 수 있습니다. 회사나 학교, 혹은 가정에서 신앙에 위배되는 행동을 요구할지 모릅니다. 우리가 속한 사회는 우리에게 술과 담배 등 해로운 것들을 권하고, 사소한 거짓말 정도는 해도 괜찮다고 유혹할지 모릅니다. 이러한 상황에 놓일 때마다 나의 태도는 과연 어떠한지 한번 돌아보시기 바랍니다. 혹시 적당히 타협하면서 넘어간 적이 있지는 않은지 돌이켜보시기 바랍니다.

다니엘은 목숨의 위협을 무릅쓰고 기도하기를 포기하지 않았습니다. 우리는 이러한 다니엘의 굳은 신앙의 절개를 본받아야 할 것입니다. 다니엘이 굴복하지 않고 기도를 드렸듯이, 우리 또한 하나님의 뜻에 반대되는 세상의 요구에 무릎 꿇지 않고 하나님의 뜻에 순종하며 나아가야 할 것입니다. 하나님께서 다니엘을 사자 굴에서 살려주시고, 그를 이전보다 더 높이셨듯이, 우리 또한 세상의 위협으로부터 건져주시고, 우리를 더 높은 위치에 앉게 해주실 것입니다.

찰스 스펄전은 예수님의 겟세마네 기도에 대해 다음과 같이 말합니다. "기도는 구주 예수님의 위로의 통로입니다. 그것은 진지하고 열정적이고 경건하고 거듭된 기도였습니다. 그리고 기도의 시간이 지난 다음 예수님은 더욱 평온해지고 마음의 평정을 회복하신 상태로 제자들에게 가셨던 것으로 보입니다. 그들이 잠자는 것을 보시고 주님은 다시 슬퍼지셨고, 그래서 다시 기도하러 가셨습니다. 그때마다 주님은 위로를 얻으셨습니다. 그리하여 세 번째 기도하셨을 때 유다와 군인을 만나시고 침묵의 인내로 판결과 죽음을 맞으실 차비를 갖추셨습니다. 주님의 큰 위로는 기도와 하나님의 뜻에 대한 순종이었습니다. 왜냐하면 주님이 아버지의 발 아래 자신의 뜻을 내려놓으셨을 때, 그 육신의 연약함이 더 이상 불평조로 말하지 않고 달콤한 침묵 가운데 털 깎는 사람들 앞에 말 못하는 양처럼 그 영혼이 인내와 안식 가운데 있으셨기 때문입니다."

요약

1. 예수님은 겟세마네 기도를 통해 십자가에 돌아가실 준비를 하십니다.
2. 모세는 중보기도를 통해 하나님의 진노를 가라앉히고, 이스라엘 백성이 구원받도록 합니다.
3. 여호수아의 기도에 하나님께서 응답하시므로 천체가 멈추고, 이스라엘은 전쟁에서 승리를 거둡니다.
4. 한나는 자신의 원통함을 하나님께 가져갔고, 가정의 문제를 기도로 해결했습니다.
5. 다니엘은 생명의 위협 앞에서도 어느 자리, 어느 시간에서건 기도하기를 포기하지 않았습니다.

묵상

1. 하나님의 뜻을 이루기 위해 얼마나 간절히 기도했었는지 생각해봅시다.
2. 이웃을 위해 진심으로 중보기도를 드린 적이 있는지 생각해봅시다.
3. 그동안 우리의 삶의 문제를 누구에게 털어놓았는지 생각해봅시다. 하나님인가요? 사람인가요?

적용

1. 하나님의 뜻이 어디에 있는지 구하며, 이를 이루기 위해 전심으로 기도합시다.
2. 이웃의 필요를 돌아보고, 이웃을 위해 진심으로 기도합시다.
3. 우리의 삶에 문제가 생겼을 때 가장 먼저 하나님께 나아가 기도합시다.

9 CHAPTER

역사 속 기도
Prayer, the Passage to Grace

기독교는 2,000년을 넘게 살아 역사한 종교입니다. 2,000년이라는 세월
동안 무수히 많은 사람들이 복음의 메시지를 듣고 하나님의 사랑을 체험
했습니다. 어떤 이들은 이 복음의 메시지를 수호하기 위해 목숨까지 바쳤
습니다. 수많은 사람들의 사랑과 헌신으로 성장한 기독교는 현재 세계에
서 가장 영향력 있는 종교가 되었습니다. 지금의 기독교를 있게 하는 데
크게 공헌한 신앙 선배들의 기도를 살펴봄으로써, 우리는 주님께서 기뻐
하시는 신앙이란 무엇인지 깨달을 수 있습니다.

1) 폴리캅의 기도

(1) 초대교회와 폴리캅

오늘날 많은 그리스도인들이 '초대교회'라는 말을 들으면 알 수 없는 설렘에 휩싸입니다. 가장 뜨겁고, 가장 화목했으며, 가장 주님의 임재가 강력했던 교회, 이러한 것들이 초대교회에 대한 보통의 인상입니다.

초대교회는 우리가 기대감을 가져도 될 만큼 모범이 되는 교회였습니다. 그런데 한 가지 기억해야 할 것이 있습니다. 초대교회는 분명, 뜨겁고, 화목했고, 성령의 임재가 충만한 교회였으나 이와 함께 기독교 역사상 가장 극심한 박해에 시달렸던 교회라는 사실입니다. 그런데 놀라운 것은 끊임없이 이어지는 박해에도 불구하고 초대교회는 강인한 생명력을 유지했으며, 질적으로 또 양적으로 놀랍게 부흥했습니다.

폴리캅은 초대교회의 초창기 지도자였습니다. 초대교회의 기간은 보통 예수님께서 돌아가신 주후 36년부터 콘스탄티누스 대제가 기독교를 공인한 313년까지로 봅니다. 그런데 폴리캅이 태어난 때는 대략 예수님께서 십자가에 달려 돌아가시고 약 35년 후인 70년경, 죽은 때는 155년경이니까 폴리캅은 초대교회 중에서도 초기에 활동했던 인물이었습니다. 그래서 폴리캅은 초대교회의 뜨거웠던 성령의 역사를 생생하게 경험했습니다. 폴리캅은 젊은 시절 사도 요한에게 직접적인 가르침을 받았다고 전해지는데, 스승의 가르침을 따라서인지 그는 순교하기를 두려워하지 않았습니다.

폴리캅은 지금의 터키 지방에 위치한 서머나 교회의 감독으로 주님을 섬겼습니다. 서머나 교회는 요한계시록에서 사도 요한이 편지한 소아시아 일곱 교회 중 하나로 "내가 네 환난과 궁핍을 알거니와 실상은 네가 부요한 자니라"(계 2:9)라고 칭찬을 받은 교회였습니다. 폴리캅은 서머나 교회를 섬기며 탁월한 지도력과 주님을 향한 뜨거운 사랑으로 초대교회 공동체로부터 존경과 사랑을 받았습니다.

(2) 순교의 순간 올려드린 기도

초대교회 당시 로마제국은 황제숭배를 거부하는 자에게는 가차 없이 사형을 선고했습니다. 그래서 예수님 외에 어떠한 존재도 섬기기를 거부했던 많은 기독교인들이 순교의 피를 흘렸습니다. 폴리캅 역시 80대 중반 고령의 나이에 황제숭배에 저항했다는 이유만으로 처형을 당합니다.

처형당하는 순간 드린 폴리캅의 기도는 대대로 많은 신앙인들에게 큰 감동을 줍니다.

오늘 이 시간 성령의 불멸 안에서 영과 육이 영원한 생명의 부활을 얻고, 그리스도의 잔 안에서 순교자에 포함되는 영광을 주셔서 감사합니다.

속이지 않고 진실하신 하나님께서 예비하셨고, 계시하셨으며, 성취하신 대로 이제 부요하고 받으실만한 제물로 순교자들 가운데 저를 받으시옵소서.

(3) 폴리캅의 기도가 주는 신앙적 교훈

① 예수님을 부끄러워하지 않다.

'상식'이라는 말을 우리는 많이 사용합니다. 이는 '보통의 사람들이 받아들일만한 사실'을 의미합니다. 이러한 상식은 사람들이 모여있는 곳이라면 늘 존재하며, 대체로 사람들은 상식에 벗어난 행동과 말을 하는 사람을 보면 눈살을 찌푸립니다. 혹은 본인이 상식에 벗어나는 행동이나 말을 하면, 자기도 모르게 얼굴이 붉어지곤 합니다. 그만큼 대부분의 사람들은 상식을 따르지 않는 행동은 부끄러운 일이라는 생각을 가지고 있습니다.

과거 로마 시대에도 상식이 있었습니다. 그런데 스스로 하늘의 시민권을 가진 자들이라고 믿었던 그리스도인들은 당시 사람들에게 상식을 벗어난 생각을 가진 사람들로 여겨졌습니다. 그 이유는 우리를 위해 돌아가신 예수님과 예수님께서 달리신 십자가에 있었습니다. 사형당하신 예수님, 그리고 십자가 형틀은 기독교인들의 신앙 중심이었으나, 믿음이 없는 사람들에게는 상식을 벗어난 생각이었고, 심지어 조롱거리였습니다.

로마시대 사람들에게 십자가형은 가장 극악무도한 범죄자에게 행해진 사형집행 방식이었습니다. 십자가형을 당한 사람은 가장 불명예스러운 자로 여겨졌습니다. 그래서 로마시대 사람들에게 십자가형이라는 비참한 죽음 앞에서 말 한마디 못하고 그대로 목숨을 잃은 예수님을 신이라고 믿는 기독교인들은 우스워 보일 수밖에 없었습니다. 당시 사람들은 신이 시골 목수로 이 땅에 내려왔다는 것 자체가 믿어지지 않았을 뿐

더러, 그 신이란 자가 사람의 손에 의해 무기력하게 죽었다는 것은 더더욱 받아들일 수 없었습니다.

그래서 사도 바울은 이러한 당시 사람들의 세태에 대해 이렇게 말했습니다.

고전 1:23 | 우리는 십자가에 못 박힌 그리스도를 전하니 유대인에게는 거리끼는 것이요 이방인에게는 미련한 것이로되

"이방인에게는 미련한 것이로되", 즉 사도 바울은 이방인들, 바로 로마 시대 사람들이 예수님의 십자가를 우습게 생각했다고 말했던 것입니다. 하지만 사도 바울은 곧이어 24절에서 놀라운 말씀을 선포합니다.

고전 1:24 | 오직 부르심을 받은 자들에게는 유대인이나 헬라인이나 그리스도는 하나님의 능력이요 하나님의 지혜니라

이는 곧, 많은 사람들이 미련하다고 비방하는 예수님의 십자가가 성령님을 통해 하나님의 부르심 안에 있는 사람에게는 하나님의 능력이요 지혜라는 말씀입니다. 세상 사람들이 조롱하는 십자가에 달려 돌아가신 예수님이 바로 진정한 우리의 구원자요, 하나님의 아들이라는 말씀입니다. 성령님께서 깨달음을 주신 사람들에게 예수님의 십자가는 무기력한 패배가 아니요, 희생을 통한 하나님의 위대한 승리입니다.

폴리캅은 이러한 십자가에 달려 돌아가신 예수님의 의미를 정확히 알

고 있었습니다. 이는 폴리캅이 지혜로워서 얻은 것도, 스스로 공부해서 얻은 것도 아니었습니다. 오직 성령님께서 폴리캅에게 깨닫게 해주신 것이었습니다. 그래서 그는 부끄러워하지 않고 예수님을 믿었으며, 처형장에서 조롱하는 로마 시민들을 향해 담대히 위와 같은 기도를 외칠 수 있었던 것입니다.

기독교인이 된다는 것은 하나님의 아들이 우리를 위해 십자가형이라는 가장 비참한 죽음을 당하시고 부활하셨다는 인간의 상식으로는 이해할 수 없는 진리를 믿는 것입니다. 사람의 생각으로는 쉽게 납득이 되지 않는 것을 믿는 것이 바로 우리의 신앙입니다. 세상 사람들은 이러한 우리의 신앙을 비웃을지도 모릅니다. "상식이 없는 사람이야", "요즘 같은 시대에 어떻게 저런 걸 믿지?", "좀 이상한 사람 아니야?"라는 비아냥거림을 들을지도 모릅니다.

하지만 우리는 다음과 같은 사실을 기억해야 합니다. 성령님의 능력으로 예수님을 믿고 하나님의 자녀가 된 우리에게 예수님의 십자가는 하나님의 능력이요, 지혜요, 구원입니다. 폴리캅은 자신의 목숨을 잃는 순간에도 예수님을 부끄러워하지 않았습니다. 이를 본받아 사람들의 비아냥과 비판이 있을지라도 십자가에서 죽으시고 부활하신 예수님을 자랑하고, 전하는 우리 모두가 되어야 할 것입니다.

롬 1:16 | 내가 복음을 부끄러워하지 아니하노니 이 복음은 모든 믿는 자에게 구원을 주시는 하나님의 능력이 됨이라 먼저는 유대인에게요 그리고 헬라인에게로다

② 영원한 천국을 사모하다.

우리가 예수님을 믿음으로 받는 가장 큰 복은 죽음 이후에 더 좋은 곳이 우리를 기다리고 있다는 것입니다. 예수님께서도 죽으시고 부활하신 후 하늘에서 우리를 위해 거처를 마련해놓고 기다리실 것이라고 말씀하셨습니다.

> 요 14:2-3 | 내 아버지 집에 거할 곳이 많도다 그렇지 않으면 너희에게 일렀으리라 내가 너희를 위하여 거처를 예비하러 가노니 가서 너희를 위하여 거처를 예비하면 내가 다시 와서 너희를 내게로 영접하여 나 있는 곳에 너희도 있게 하리라

기독교인들의 신앙은 하늘의 거처, 즉 천국에 대한 소망으로 점철됩니다. 이 땅에서의 삶의 어려움, 여러 가지 고난 등이 우리에게 다가올지라도 천국에 대한 소망이 있기 때문에 우리는 흔들리지 않고, 감사할 수 있습니다.

폴리캅은 천국에 대한 소망으로 충만했던 사람이었습니다. 그래서 그는 죽음의 위협 앞에서도 천국을 바라볼 수 있었습니다. 이 땅에서의 고통, 조롱은 그에게 중요한 것이 아니었습니다. 왜냐하면 폴리캅은 이 땅에서의 삶은 잠시 잠깐이면 끝나는 것이지만, 육신의 죽음 이후에 가게 될 천국은 영원한 것이라고 굳게 믿었기 때문입니다.

그래서 그는 '나이도 많이 들었으니 황제를 숭배하고, 목숨을 부지하라'는 사람들의 말에도 흔들리지 않고 주님을 향한 절개를 지킬 수 있었

습니다. 그에게는 이 땅에서의 짧은 생명보다 천국에서 누릴 영원한 생명이 더 소중했던 것입니다. 그래서 그는 순교를 앞둔 순간에 "영과 육이 영원한 생명의 부활을 얻고"라고 기도할 수 있었던 것입니다.

폴리캅과 같은 죽음의 위협은 아닐지라도 우리도 삶 가운데 수많은 위기를 경험합니다. 혹시 그럴 때마다 땅에서의 만족을 얻기 위한 선택을 하고 있지는 않은지 돌아봐야 할 것입니다. 이 땅에서의 재물, 명예 등에 눈이 어두워 하나님의 영광을 저버리는 선택을 하고 있지는 않은지 말입니다. 죽음의 위협 앞에서도 천국을 소망하며 하나님을 향한 신앙을 굳게 지켰던 폴리캅의 신앙을 기억하시기 바랍니다. 하나님의 영광을 가리는 일이라면 어떠한 불이익이 올지라도 과감히 포기하고, 오로지 하나님을 섬기고 하나님께서 기뻐하시는 선택만을 하는 우리 모두가 되어야 할 것입니다.

2) 아우구스티누스의 기도

(1) 아우구스티누스가 발견한 진리

313년 기독교가 공인된 이후, 기독교는 급속도로 로마제국 구석구석에 전파됩니다. 354년에 태어난 아우구스티누스는 기독교가 이미 로마제국 내에서 가장 영향력 있는 종교로 자리 잡았던 시대에 살았던 인물입니다.

아우구스티누스는 어린 시절부터 매우 총명했으며, 공부 또한 잘했습니다. 그러나 그는 젊은 날, 정욕이 이끄는 대로 올곧지 못한 삶을 살았습니다. 하지만 영혼 한구석에 늘 영적 갈급함을 느꼈던 그는 진리란 무엇인지 고심하며 이를 찾아 헤맸습니다. 철학에 몰두하기도 했으며, 점성술에 관심을 기울이기도 했습니다. 이단에 빠져 10년 가까이 세월을 낭비하기도 했습니다. 그러나 아우구스티누스의 영혼은 채워지지 않았습니다. 그 어떠한 것도 그에게 영혼의 쉼을 주지 못했습니다.

그러던 중 그의 어머니 모니카의 인내의 기도로 30대 초반에 하나님을 만나게 됩니다. 하나님만이 생명과 빛으로 인도하는 유일한 분임을 영적으로 체험하고 또 지적으로 인정하게 됩니다. 아우구스티누스는 비로소 그의 영혼에 마르지 않는 생수를 공급해줄 분을 만난 것이었습니다. 그리고 그는 성직자가 되기로 결단합니다.

이후 40년 이상 주님을 섬기면서 무수히 많은 양의 책을 집필하고, 올바른 영성과 뛰어난 지성으로 고대 기독교를 이단으로부터 보호했습니다. 그리고 목회에도 전심전력해 죽는 날까지 북아프리카 지방에서 교회를 섬기다가 일생을 마감했습니다. 아우구스티누스의 사상은 오늘날의 기독교, 특별히 개신교과 천주교 신앙에 큰 영향을 끼쳤습니다.

(2) 죄의 사슬에서 해방된 자의 기도와 그 의미

오, 주님, 나는 당신의 종이옵니다. 나는 당신의 종이요, 당신의 여종의 아들입니다. 당신이 나를 쇠사슬에서 풀어주셨으니 나는 당신께 찬양의 감사제를 드립니다. 이제 내 마음과 혀로 하여금 당신을 찬양하게 하소서.
내 모든 뼈가 소리 질러 "주님과 같은 자 누구리요?"라고 말하게 하소서. 내 모든 뼈가 그렇게 말할 때 당신께서 나에게 대답하시고 내 영혼에게 "나는 네 구원이라." 말씀해주소서.

우리 모두는 반복되는 일상을 살아갑니다. 학생들은 학교에서, 직장인들은 직장에서, 가정주부는 집안에서 똑같은 일이 되풀이되는 삶을 경험합니다. 때때로 사람들은 이러한 삶을 마치 속박처럼 느끼기도 하며, 다람쥐 쳇바퀴 도는 것과 같은 삶의 굴레에서 벗어나고 싶어 합니다.

그런데 무엇보다 사람들이 가장 벗어나고자 원하는 속박은 바로 죄의 속박입니다. 하지만 안타깝게도 죄에서 벗어나고 싶어도 벗어나기는커녕 오히려 더 깊은 어둠의 구렁텅이로 빠져버리고 맙니다. 그래서 성경은 인간의 죄의 본성에 대해 이렇게 말씀하고 있습니다.

롬 3:9-10 | 그러면 어떠하냐 우리는 나으냐 결코 아니라 유대인이나 헬라인이나 다 죄 아래에 있다고 우리가 이미 선언하였느니라 기록된

바 의인은 없나니 하나도 없으며

아우구스티누스도 죄에 속박된 삶을 살았습니다. 그는 자신의 유년기 생활조차도 죄에 뒤덮인 삶이라고 말했습니다. 하라는 것은 하지 않고, 하지 말라는 것만 하는 삶의 연속이라고 기억했습니다. 심지어 그는 인간은 모두가 아담의 타락으로 인해 원죄를 갖고 태어나기 때문에, 그 누구도 스스로의 힘으로 죄의 속박에서 벗어날 수 없다고 말했습니다. 아무리 노력해도 결코 죄에서 벗어날 수 없는 존재, 이것이 그가 생각한 인간의 실존이었습니다. 그리고 아우구스티누스 자신 또한 방탕하고 이기적인 삶을 살았습니다.

하지만 아우구스티누스는 이러한 죄의 속박에서 벗어나고 싶어했습니다. 자신을 죄에서 해방해줄 무언가를 찾고 있었습니다. "오호라 나는 곤고한 사람이로다 이 사망의 몸에서 누가 나를 건져내랴"라는 로마서 7장 24절의 고백이 바로 그의 고백이었습니다. 그때 그가 만난 분이 바로 예수님이셨습니다.

롬 8:1-2 | 그러므로 이제 그리스도 예수 안에 있는 자에게는 결코 정죄함이 없나니 이는 그리스도 예수 안에 있는 생명의 성령의 법이 죄와 사망의 법에서 너를 해방하였음이라

아우구스티누스는 예수님을 만나면서, 비로소 죄로부터의 참된 해방을 체험했습니다. 어떠한 존재도 아우구스티누스를 죄의 속박으로부터

구해낼 수 없었으나, 예수님은 그에게 완전한 자유를 주셨습니다.

위의 기도는 아우구스티누스가 예수님으로 인해 죄의 속박에서 벗어나게 된 것에 대해 드린 감사의 기도입니다. "이제 내 마음과 혀로 하여금 당신을 찬양하게 하소서. 내 모든 뼈가 소리 질러 '주님과 같은 자 누구리요?'라고 말하게 하소서. 내 모든 뼈가 그렇게 말할 때 당신께서 나에게 대답하시고 내 영혼에게 '나는 네 구원이라.' 말씀해주소서."라는 아우구스티누스의 고백에는 하나님 안에서 참된 해방을 경험한 그의 감격이 담겨있습니다.

우리는 예수님이 아니고서는 결코 죄로부터 자유함을 얻을 수 없습니다. 항상 죄에 짓눌려 고통당하는 것이 우리의 인생입니다. 그러나 예수님을 만날 때 우리의 삶에 참된 자유가 찾아옵니다. 아우구스티누스는 예수님께서 주시는 이러한 은혜를 체험했던 것입니다. 그리고 감격에 겨워 위와 같이 기도한 것입니다.

예수님을 만나시기 바랍니다. 예수님 안에서 진정한 자유와 해방을 누리고 아우구스티누스가 했던 감사의 고백을 올려드리시기 바랍니다.

(3) 참된 소망을 발견한 자의 기도와 그 의미

나를 아시는 주님, 나로 하여금 당신을 알게 하소서. 당신이 나를 아시는 것 같이 나로 하여금 당신을 알게 하소서. 내 혼의 힘이 되시는 주님, 내 혼 안에 들어오셔서 그것을 당신 뜻에 맞게 만들어 티나 주름 잡힌 것 없는 당신의 소유물로 삼아주소서. 이것이 나의 소망이옵나이다. 그러기에 내가 이토록 당신께 말씀드리옵나이다. 이 소망 중에서 내가 즐거워할 때 나는 정말로 건전하게 즐거워하는 것이 됩니다.

우리 삶의 방향을 결정하는 척도는 무엇일까요? 그것은 바로 우리의 가치관입니다. 우리가 무엇을 중요하게 여기느냐, 우리 마음의 중심이 어디에 있느냐에 따라 삶의 방향이 결정됩니다. 어떤 사람들은 물질의 축적을 자신의 최고 가치로 둡니다. 또 어떤 사람들은 명예를 얻는 것, 성공하는 것, 자녀들을 잘 키우는 것 등에 최고의 가치를 부여합니다. 또 한편으로는 '그저 남부끄럽지 않게만 사는 것'을 최고의 가치로 여기는 사람들도 있습니다.

이러한 모든 것들은 사람들에게 삶을 살아갈 수 있는 힘을 제공해주고, 어느 정도 소중한 가치임에 분명합니다. 하지만 예수님을 제외한 모든 것들은 다 썩어 없어질 것들임을 우리는 기억해야 합니다.

벧전 1:24-25 | 그러므로 모든 육체는 풀과 같고 그 모든 영광은 풀의 꽃과 같으니 풀은 마르고 꽃은 떨어지되 오직 주의 말씀은 세세토록 있도다 하였으니 너희에게 전한 복음이 곧 이 말씀이니라

예수님을 만나기 전 아우구스티누스가 소중히 여겼던 가치관은 하나님 보시기에 선한 것이 아니었습니다. 아우구스티누스는 명예와 부를 얻기 위해 학식을 쌓았습니다. 자신의 지식을 사용하여 권력에 아부하고,

제자들에게 남을 속이고 명예와 부를 얻는 방법에 대해 가르쳤습니다. 이에 더해, 명예와 부를 얻기 위해 그와 10년을 넘게 살면서 그의 아들까지 낳았던 여인을 버리고 유력한 자의 딸과 결혼하려고까지 합니다. 그야말로 아우구스티누스는 세속적인 성공만을 추구하는 삶을 살았던 것입니다.

그런데 아우구스티누스는 이러한 삶을 살아가는 자신의 모습을 보며 큰 회의를 느꼈습니다. 자신이 추구하는 모든 것들이 다 거짓된 것임을 깨닫기 시작했던 것입니다. 그래서 아우구스티누스는 그의 책 『고백록』에서 이렇게 고백합니다. "그때 나는 명예와 부와 결혼을 열망하고 있었고, 하나님은 나를 보고 웃고 계셨습니다. 이러한 욕구를 추구해나갈 때 나는 아주 쓰디쓴 곤경을 당해야 했습니다."

그는 또 이렇게 고백합니다. "진실로 인간이 어디서 행복을 찾느냐에 따라 큰 차이가 생깁니다. 나는 이것을 알고 있었습니다. 신실한 소망에서 오는 기쁨과 내가 추구하고 있는 헛된 영광 사이엔 비교할 수 없는 차이가 있습니다."

깊은 번민 끝에, 그는 자신이 진정으로 소망해야 하는 것이 무엇인지 깨닫습니다. 그것은 바로 주 예수님이셨습니다. 그래서 그는 위의 기도문에서처럼 "당신이 나를 아시는 것같이 나로 하여금 당신을 알게 하소서."라고 고백했던 것입니다. 자신의 모든 소망을 하나님께 두겠다는 진솔한 심경을 털어놓은 것입니다. 세상 모든 것들이 덧없음을 깨달은 그에게 오직 주님만이 인생의 모든 것이었습니다.

우리도 젊은 날의 아우구스티누스처럼 세상의 부와 명예만을 얻기 위해 달려오지는 않았는지 돌아봐야 합니다. 예수님을 믿는다고 하면서도 삶의 작은 선택을 할 때마다 우리의 믿음과는 정반대의 선택을 하지는 않았는지 돌이켜봐야 합니다. 아우구스티누스는 자신이 추구했던 세속적 가치들이 무의미한 것들이라는 사실을 깨달았습니다. 그리고 그는 "내 혼의 힘이 되시는 주님, 내 혼 안에 들어오셔서 그것을 당신 뜻에 맞게 만들어 티나 주름 잡힌 것 없는 당신의 소유물로 삼아주소서. 이것이 나의 소망이옵나이다."라는 기도를 드릴 수 있었습니다.

주님께서 우리를 만나주셔서 우리의 소망이 오직 주님만을 향하기를 원합니다. 영원히 없어지지 않을 최고의 가치, 이 땅에서의 삶의 만족과는 비교할 수 없는 천국의 만족을 줄 수 있는 이름, 우리 주 예수 그리스도만을 소망하는 삶 사시기를 원합니다.

3) 성 프란체스코의 기도

(1) 어느 부잣집 도련님의 회심

중세 유럽은 완전히 기독교 사회였습니다. 그러나 유럽이 기독교 일색이 되었다고 해서 꼭 좋은 것만은 아니었습니다. 당시 중세 유럽 교회의 중심이었던 로마 가톨릭은 권력과 부와 화려함을 추구했으며, 십자군 전쟁을 일으켜 지중해 연안을 혼란에 빠뜨렸습니다. 하나님의 영광을 선포해야 할 유럽의 교회가 조금씩 쇠퇴의 길을 가기 시작했던 것입니다. 하지만 하나님은 이러한 와중에도 교회에 희망의 끈을 놓지 않으셨습니다.

프란체스코는 12세기 말 이탈리아 중부 아시시라는 도시에 한 부유한 상인의 아들로 태어났습니다. 그의 집안은 이탈리아에서도 매우 손꼽히는 부자였으니, 프란체스코는 어린 시절 물질적인 문제를 조금도 겪지 않고 자랐습니다. 그는 넉넉한 집안의 재력을 바탕으로 자신이 하고 싶은 것을 마음껏 할 수 있었습니다. 그는 활동적인 성격으로 친구들과 운동을 하며 어울리기를 좋아했고, 풍류도 즐길 줄 알아 연회를 자주 열었습니다. 또 한편으로는 시를 사랑하여, 음유시인을 꿈꾸기도 했습니다.

마음껏 자신이 하고 싶은 것을 했던 젊은 프란체스코는 그 당시 대부분의 사람들이 겪었던 배고픔, 헐벗음, 추위, 빚, 소외 등과는 전혀 거리가 먼 삶을 살았습니다. 그러던 중 아시시의 군대로 전쟁에 참여했다가 포로로 끌려가 1년 만에 돌아온 그는 중병에 걸립니다. 이때부터 프란체스코는 과거 자신의 화려한 삶에 환멸을 느꼈고, 이전과는 다른 새로운 삶을 살아야 한다는 생각을 품게 됩니다. 이후 차츰차츰 주님과 가까워지기 시작한 프란체스코는 자신의 모든 삶을 주님께 드리기로 결단합니다.

주님께로 귀의한 이후 몸을 가릴 옷을 제외하고는 아무것도 소유하지 않았고, 주님을 위해 모든 것을 바쳤던 프란체스코의 삶은 오늘날 많은 그리스도인들에게 귀감이 되고 있습니다.

(2) 프란체스코의 기도

　회심 이후 남은 평생을 오직 주님께 바치는 데 헌신한 프란체스코의 영성은 그의 기도에 깊이 각인되어있습니다. 생전에 프란체스코에게서 풍겼던 예수님의 향기가 오늘날 그의 기도를 읽는 우리에게까지 전해지는 것 같습니다.

> 주여, 나를 평화의 도구로 사용하여주소서.
> 미움이 있는 곳에 사랑을, 상처가 있는 곳에 용서를, 의심이 있는 곳에 믿음을, 절망이 있는 곳에 소망을, 어둠이 있는 곳에 빛을, 슬픔이 있는 곳에 기쁨을 심게 하소서.
> 오, 거룩하신 주님이시여, 위로받기보다는 위로하며, 이해받기보다는 이해하며, 사랑받기보다는 사랑하게 하소서.
> 우리는 베풀어줌으로써 받게 되며, 용서함으로써 사함을 받으며, 죽음으로써 영생을 얻기 때문입니다.

(3) 프란체스코의 기도가 주는 의미

① 평화의 도구로 쓰임받기를 원하는 기도

11세기 후반 기독교의 성지인 예루살렘을 이슬람 세력으로부터 되찾

자는 취지에서 시작된 십자군 전쟁은 100년이 넘도록 멈추지 않았습니다. 시간이 지나면 지날수록 전쟁의 의미는 변질되어갔고, 수많은 사람들이 피를 흘렸으며 상당한 물자가 낭비되었습니다.

1219년 십자군이 이슬람 국가인 이집트를 공격할 때였습니다. 프란체스코가 동료 수도사와 함께 전쟁이 벌어지고 있는 이집트 나일 강 유역으로 향했습니다. 그가 그곳을 찾은 이유는 이집트의 왕에게 복음을 전하고 십자군 전쟁을 종식시키기 위함이었습니다. 십자군과 이집트 군이 잠시 휴전을 한 사이, 프란체스코는 이집트의 왕을 만나기 위해 찾아갔습니다.

기독교인 수도사가 이슬람 국가의 수장을 만나러 간다는 것은 죽으러 가는 것이나 다름없었습니다. 이집트의 왕이 복음을 받아들였는지에 대해서는 정확하게 전해지는 바가 없습니다. 하지만 살육이 벌어지고 있는 전쟁터에서 그리스도의 이름으로 평화를 전하기 위해 목숨을 건 발걸음을 옮긴 프란체스코의 용기는 오늘날까지도 기독교인과 이슬람교인 모두에게 회자되고 있습니다.

프란체스코는 말뿐만이 아닌 진정한 평화의 도구로 쓰임받기를 원했습니다. "주여, 나를 평화의 도구로 사용하여주소서."라는 기도를 삶에서 실천했던 믿음의 사람이었습니다. 그것이 정녕 목숨이 위협받는 상황일지라도 프란체스코는 주저하지 않았습니다. 그에게 평화는 목숨보다 소중한 것이었습니다. 그리고 평화는 예수님께서 이 땅에 오신 이유였습니다.

엡 2:14 | 그는 우리의 화평이신지라 둘로 하나를 만드사 원수 된 것 곧

중간에 막힌 담을 자기 육체로 허시고

십자군 전쟁과 같이 대규모는 아닐지라도 우리의 삶은 갈등을 빼놓고
는 설명하기 어렵습니다. 가깝게는 작은 가족 안에서도 의견이 맞질 않
아 싸우고 편이 갈라지는 것이 현실입니다. 그리고 갈등은 갈등의 당사
자들뿐만 아니라 제삼자들에게까지 스트레스를 줍니다. 그러므로 갈등
이 생기면 이를 직접적으로 겪는 사람들뿐만 아니라 주변 사람들까지도
상처를 받게 됩니다.

프란체스코의 기도는 우리 주변에 갈등이 발생했을 때, 그리스도인이
가져야 할 바람직한 자세란 관심과 기도라는 사실을 교훈해줍니다. 때
때로 갈등을 보고 선뜻 나서기보다 멀리서 지켜보는 것이 좋은 방법일
수 있습니다. 하지만 몸으로는 한 발짝 물러설지라도 마음으로는 외면
하지 말고, 갈등을 겪는 사람들의 마음을 이해하기 위해 애써야 할 것입
니다. 그리고 갈등이 잘 해소되고, 상처받는 사람들이 없도록 기도해야
할 것입니다. 혹 직접적으로 중재에 나서야 하는 상황이 된다면, 충분히
기도한 후에 문제를 해결하기 위해 힘써야 할 것입니다. 또한 예수님과
프란체스코의 경우처럼 갈등의 해결에는 중재자의 희생이 따를 수 있다
는 사실을 기억해야 합니다.

우리가 기도하고 희생하며 섬길 때, 프란체스코의 기도처럼 '미움이 있
는 곳에 사랑이, 상처가 있는 곳에 용서가, 의심이 있는 곳에 믿음이, 절
망이 있는 곳에 소망이, 어둠이 있는 곳에 빛이, 슬픔이 있는 곳에 기쁨'이

공동체 가운데 심기게 될 것입니다. 언제나 평화를 가져오는 자로서 쓰임받게 되시기를 소망합니다.

② 베풀고 베풀고 또 베푸는 자의 기도

"나는 가난이라는 여인과 결혼했습니다." 이는 프란체스코가 했던 유명한 말입니다. 그는 주님께 자신을 드리겠다고 결단한 이후부터 평생 청빈한 삶을 추구하며 살았습니다. 그의 청빈은 혼자만 가난하게 사는 것으로 끝나지 않고, 자신의 모든 것을 비움을 통해 남을 채워주는 삶으로까지 나아갔습니다. 섬김은 그의 인생의 모든 것이었습니다.

다음에 예수님께서 제자들에게 하신 말씀이 바로 프란체스코를 청빈의 삶으로 이끌었던 말씀입니다.

> 마 10:8-10 | 병든 자를 고치며 죽은 자를 살리며 나병환자를 깨끗하게 하며 귀신을 쫓아내되 너희가 거저 받았으니 거저 주라 너희 전대에 금이나 은이나 동을 가지지 말고 여행을 위하여 배낭이나 두 벌 옷이나 신이나 지팡이를 가지지 말라 이는 일꾼이 자기의 먹을 것 받는 것이 마땅함이라

프란체스코는 나병환자들의 병원을 찾아가 그들과 함께 지내며 병간호를 했으며, 길거리의 걸인들을 보면 그냥 지나치는 법이 없었습니다. 만약 자신이 연약한 자들에게 줄 것이 없으면 자신의 시간과 몸을 내어드려 함께 생활함으로써 그들을 섬겼습니다.

재밌는 일화가 하나 있습니다. 프란체스코가 주님께 마음을 드렸으나, 아직은 출가를 하지 않았던 때입니다. 프란체스코가 로마 순례 여행 도중 아시시에 있는 허름하여 다 무너져가는 '산 다미아노 성당'에서 기도를 하고 있었습니다. 그때 그에게 하나님의 음성이 들려왔습니다. "프란체스코야, 나의 집을 수리하라." 이 음성을 듣고 그는 아버지 가게에 있던 고급 옷감들을 다 팔아서 성전을 수리했습니다. 이 소식을 들은 아버지는 프란체스코에게 크게 분노하여 그의 유산 상속권을 박탈합니다. 이 사건 이후 프란체스코는 "땅의 아버지가 아닌 하늘의 아버지만을 섬기겠노라."라고 말하며 집을 떠나 수도사 생활을 시작합니다. 프란체스코의 이러한 선택은 아버지를 향한 원망보다는 진정으로 하나님을 섬기기 위한 그의 열심 때문이었습니다.

오늘날 우리는 풍요의 시대를 살아가고 있습니다. 사람들이 물질로 고민하는 이유는 대부분 다른 사람들과의 비교로 인한 상대적 빈곤 때문이지, 정말 먹고 살 것이 없어 고민하는 절대적 빈곤은 찾아보기 힘듭니다. 그러나 햇빛이 쨍쨍하게 비추는 대낮일지라도 그늘은 늘 존재하듯이, 아무리 풍요로운 시대라 할지라도 축복의 사각지대는 있기 마련입니다. 우리가 생각하는 것보다 가까운 곳에 소외되고 가난하고 연약한 이웃들이 있습니다.

"우리는 베풀어줌으로써 받게 되며, 용서함으로써 사함을 받으며, 죽음으로써 영생을 얻기 때문입니다."라는 프란체스코의 기도를 통해, 우리는 베풀고 나누는 삶을 실천하는 데에 일생을 드렸던 그의 영성을 느낄 수 있습니다. 우리의 입술에서도 프란체스코의 고백처럼 하나님께 베품과 나눔의 삶을 살게 해달라는 기도가 고백되어야 할 것입니다. 그리고 담대히 우리 주변에 소외되고 헐벗고 가난한 이웃을 섬겨야 할 것입니다.

주님께서는 나만 축복을 누리고 호화로운 삶보다, 검약하고 이웃의 필요를 채워주는 섬김의 삶을 더 기뻐하신다는 사실을 마음속 깊이 새기시기를 바랍니다.

4) 마르틴 루터의 기도

(1) 하나님의 말씀으로 역사를 뒤집다

보통 역사의 큰 변화는 정치, 경제, 문화, 군사 등의 영역을 통해 이루어집니다. 프랑스 혁명과 같은 정치적 변화, 산업혁명과 같은 경제적 변화, 르네상스와 같은 문화적 변화, 알렉산더 대왕의 정복 전쟁과 같은 군사적 변화 등에 의해 세계 역사는 전환점을 맞이했습니다. 그런데 종교가 이러한 역할을 한 적이 있었으니, 그것은 바로 종교개혁이었습니다.

1517년 10월 31일 독일, 한 무명의 젊은 사제가 비텐베르크 교회 문에 로마 가톨릭 교회의 면죄부 판매에 반대하는 95개조 반박문을 붙여놓습니다. 단지 신학적인 토론을 원해서 붙여놓은 이 반박문으로 교회는 큰 폭풍에 휩싸이게 되고, 유럽 사회는 대변혁을 겪습니다. 이 변혁의 불길은 종교를 넘어 유럽의 문화, 정치, 경제 등의 모든 부분에 걸쳐 큰 영향을 줍니다. 이러한 종교개혁의 도화선에 불을 붙인 젊은 사제가 바로 마르틴 루터였습니다.

마르틴 루터는 종교개혁을 일으킨 대범한 인물로 전 세계가 기억하며, 특별히 개신교 신자들에게는 영웅 대접을 받습니다. 그러나 그의 실제 삶은 그다지 그럴듯하지 않았습니다. 그는 감정적으로 성숙하지 못해 때때로 분노를 참지 못하거나 깊은 우울함에 빠지기도 했으며, 거친 언사를 내뱉기도 했습니다. 그래서 사람들은 이러한 루터를 향해 '불안한 영혼'이라고 불렀습니다.

그러나 이토록 인간적으로 연약했던 루터였지만 그는 하나님 앞에 온전히 서기 위해 그 누구보다도 집중했으며, 하나님의 말씀을 사모하여 말씀 연구에 매진했습니다. 그리고 무엇보다 불의에 결코 타협하지 않는 의지와 담력을 가진 사람이었습니다. 하나님은 이와 같은 루터의 장점을 보시고 그를 종교개혁의 기수로 들어 사용하셨습니다. 루터의 기도에는 비록 '불안한 영혼'이었지만 '하나님을 극진히 사랑했던' 그의 깊은 심정이 담겨있습니다.

(2) 루터의 기도 '오직 은혜로'

> 주여, 보소서. 저는 당신이 채워주시지 않으면 빈 그릇입니다. 나의 주여,
> 채워주소서. 나의 믿음이 약하오니, 강건하게 하여주소서.

나의 사랑이 식었으니 따뜻하게 하여주소서. 나로 사랑으로 불타올라 이웃에게 사랑을 전하게 하여주소서. 내게 강하고 든든한 믿음이 없습니다. 내게는 당신을 의심하며 믿지 않는 때도 있었습니다.

주여, 저를 도우소서. 당신께 대한 믿음과 신뢰를 굳건히 하여주소서. 제가 가진 모든 것을 당신에게 봉하여 두었습니다.

저는 가난합니다. 그러나 주님은 부요하시며 가난한 자에게도 오시는 주님이십니다. 저는 죄인입니다. 그러나 주님은 의로우시며 죄인에게도 오시는 주님이십니다. 저에게는 죄만 가득하나 주님께는 의만 가득합니다. 그러므로 주님을 의지합니다. 저에게는 당신께 드릴 것이 없으나 당신은 모든 것을 주시는 분이십니다.

(3) 루터의 기도가 주는 의미

① 하나님으로부터 오는 의에 감격한 기도

아담이 범죄함으로 말미암아 하나님으로부터 멀어진 모든 인간은 늘 참된 만족을 누리지 못하고 자신에게서 결핍을 발견합니다. '나는 무언가 부족한 사람이야.', '나는 잘하지 못해.', '나는 죄인이야.', 이러한 생각들이 늘 사람들의 마음을 사로잡습니다. 더 나아가 인간의 결핍은 대를 이어 나타난다는 데에 큰 문제가 있습니다. 결핍된 자아상을 가진 부모로부터 태어나 양육받은 자녀는 동일하게 결핍된 자아상을 갖게 됩니다.

루터는 이러한 인간의 결핍을 깊이 경험한 사람 중 하나입니다. 그는 어린 시절부터 매우 영특했습니다. 그래서 그의 아버지 한스 루터는 앞으로 루터가 성공적인 삶을 살 것이라고 크게 기대했으며, 그를 아낌없이 지원했습니다. 그런데 이러한 아버지의 기대가 루터에게 깊은 관심과 지원이라는 긍정적인 면으로 다가오기도 했지만, 한편으로는 강압으로 다가왔습니다. 루터는 아버지의 기대를 충족시켜드려야 한다는 심한 정신적인 압박을 받았던 것입니다. 그래서 언제나 자신에게 만족하지 못했고, '나는 늘 부족한 사람'이라는 생각을 가지게 되었습니다.

열심히 공부한 끝에 루터는 아버지의 바람대로 법대에 들어갔습니다. 그러나 법대에 들어갔다고 해서 루터의 결핍된 심정이 해소된 것은 아니었습니다. 인간의 결핍은 인간적인 성공으로 해결되는 것이 아니기 때문입니다. 루터가 보기에 자신은 예나 지금이나 늘 부족한 사람이었습니다. 이처럼 예수님을 만나기 전 루터는 가정적 배경, 그리고 루터 특유의 자기성찰적인 성격이 합해져 마음 한편에 늘 죄책감과 허전함을 가지고 살았습니다.

이러한 그의 성향은 그가 가톨릭 신부로 활동할 때에도 계속되었습니다. 그는 하나님 앞에서 완전한 의를 얻고 싶었으나, 결코 그것을 이룰 수 없다는 사실로 좌절했습니다. 아무리 기도를 많이 해도, 어떠한 고행을 해도 자신의 힘으로는 그의 결핍을 채울 수 없었으며, 하나님의 의를 충족시키는 사람이 될 수 없었습니다. 그러던 중 그를 지도해주던 슈타우피츠 교수가 루터에게 말씀을 깊이 읽어볼 것을 제안합니다. "자네가 그토록 채우고자 하는 의로움은 이 성경 안에 있을 걸세."

이 이야기를 들은 후 루터는 이전보다 더 깊이 성경을 연구하게 되고, 그 안에서 놀라운 사실을 발견합니다. 자신의 결핍된 자아상을 채워주고, 늘 하나님 앞에서 떳떳하지 못했던 자신을 하나님 앞에 당당히 세워줄 수 있는 말씀을 발견한 것이었습니다.

롬 1:17 | 복음에는 하나님의 의가 나타나서 믿음으로 믿음에 이르게 하나니 기록된 바 오직 의인은 믿음으로 말미암아 살리라 함과 같으니라

이 말씀을 통해 루터는 자신을 채워줄 진정한 의로움이란 무엇인지 발견합니다. "결코 스스로의 힘으로는 의로움을 얻을 수 없다. 나의 의로움은 내 안에서 얻을 수 있는 게 아니다. 오직 하나님으로부터 오는 의만이 나에게 완전한 의로움을 줄 수 있다." 이로써 루터는 참된 영적 만족을 체험하게 되고, 자신이 의로운 자로 인정받았다는 사실에 감격했습니다.

하나님으로부터 온 의만이 자신을 의롭게 할 수 있다는 것을 깨달은 그는 위의 기도와 같이 고백할 수 있었습니다. "저는 가난합니다. 그러나 주님은 부요하시며 가난한 자에게도 오시는 주님이십니다. 저는 죄인입니다. 그러나 주님은 의로우시며 죄인에게도 오시는 주님이십니다. 저에게는 죄만 가득하나 주님께는 의만 가득합니다."

오늘날 모든 사람들은 하나님을 만나기 전 루터와 같이 결핍된 자아상을 가지고 살아갑니다. 그래서 사람들은 이러한 결핍을 채우기 위해 다른 사람들로부터 인정받으려 하거나, 눈에 띄는 성공을 거두거나, 부

와 명예를 얻기 위해 애를 씁니다. 더 나쁜 경우는 술, 마약, 게임, 도박 등의 중독, 잘못된 종교 등에 빠지기도 합니다. 그러나 이러한 모든 것들은 다 깨진 독에 물을 붓는 격밖에 되지 않습니다.

영혼의 결핍을 채울 수 있는 유일한 방법이 있으니, 그것은 하나님과의 만남입니다. 하나님과 멀어짐으로 인해 생긴 인간의 결핍은 하나님이 아니고서는 그 누구도 채워줄 수 없습니다. 하나님께서 우리를 의롭게 해주지 않으시면 결코 우리는 의로움을 얻을 수 없습니다. 오직 하나님만이 우리에게 참된 만족과 의로움을 주실 수 있습니다.

우리 모두 루터와 같이 하나님으로부터 오는 의로 인해 감격하게 되기를 소원합니다. 우리 힘으로, 세상에서 알려주는 방식으로 의로움을 얻기 위해 노력하지 마시기를 바랍니다. 하나님께서 주시는 완전한 의로움을 깨닫게 해달라고 기도하시고, 루터가 했던 것처럼 말씀 속에서 하나님의 의를 발견하시기 바랍니다. '하나님이 주시는 의'의 은혜를 체험할 때 신앙생활이 주는 진정한 기쁨을 발견할 수 있습니다.

② 주님이 주신 힘으로 주님을 섬기다.

종교개혁을 일으키기 전부터 루터는 열정적인 사제였습니다. 신학교에서 공부할 때에도 그는 어떻게 하면 더 많은 의를 쌓아서 많은 사람들에게 의로움을 나누어 줄 수 있을지 고민했습니다. 그래서 그는 언제나 더 스스로 의로워지기 위해 몸부림쳤습니다. 그는 자신이 의로울 때야 비로소 이웃을 섬길 수 있는 능력을 얻을 수 있다고 생각했던 것입니다.

그런데 그것은 그의 착각이었습니다. 그가 그토록 성직자로서 사람들에게 나누어주고 싶었던 의는 자신이 의로운 행동을 하여 쌓는 것이 아니라 하나님으로부터 얻는 것이기 때문입니다. 다시 말해 개인의 의로움 뿐만 아니라 주님을 섬기는 능력도 하나님으로부터 얻는 것입니다. 이와 더불어 그리스도인들이 하나님을 섬기는 이유는 의로움을 얻기 위해서가 아니라, 값없이 의롭다 해주신 하나님에 대한 감사 때문입니다. 주님을 섬길 수 있는 모든 능력은 하나님으로부터 오고, 모든 섬김의 동기는 감사입니다.

"나의 사랑이 식었으니 따뜻하게 하여주소서. 나로 사랑으로 불타올라 이웃에게 사랑을 전하게 하여주소서."라는 루터의 기도에는 그가 깨달은 섬김의 본질이 담겨있습니다. 섬김은 자신의 의로움이 아닌 하나님께서 주시는 의와 능력으로 하는 것임을 깨달았던 것입니다.

예수님을 믿고 나서 우리는 일평생 주님만을 섬기며 살아갑니다. 그런데 많은 사람들이 주님의 일을 하면서도 감사와 기쁨이 없고, 금방 지쳐서 주저앉곤 합니다. 하나님의 나라를 세워나가는 일은 무엇과도 바꿀 수 없는 가장 보람되고 가치 있는 일임에도 불구하고 많은 사람들이 어려움을 겪습니다.

루터의 깨달음과 기도에 이 문제를 해결할 수 있는 해답이 들어있습니다. 주님을 섬기는 일은 우리의 의로움과 능력으로 하는 것이 아닙니다. 주님이 주신 능력으로, 주님 주신 은혜에 대한 감사의 마음으로 하는 것입니다. 우리의 힘으로 주님을 섬기려고 하기 때문에 능력을 발휘할 수도 없으며, 발휘하는 것처럼 보여도 그것이 오래가지 못하는 것입니다. 우리는 다음과 같은 사도 바울의 고백을 기억해야 합니다.

골 1:29 | 이를 위하여 나도 내 속에서 능력으로 역사하시는 이의 역사를 따라 힘을 다하여 수고하노라

구원을 얻기 위한 의로움을 주님께서 주시듯, 주님을 섬기는 능력 또한 주님께서 주시는 것입니다. 주님을 섬기기에 앞서, 주님께 능력을 구하시기를 바랍니다. 그리고 주님의 은혜에 대한 감사와 찬양이 내 안에 충만한지 점검해보시기 바랍니다. 주님으로부터 힘을 공급받을 때 지치지 않고, 기쁜 마음으로 하나님의 일을 할 수 있습니다.

5) 존 웨슬리의 기도

(1) 어두운 영국 땅에 희망의 빛을 선포한 설교자

지금이야 대학 졸업장을 받은 사람들이 흔하지만, 18세기 영국에서 대졸자는 찾아보기 힘들었습니다. 그것도 세계적인 명문 옥스퍼드 대학을 나온 사람을 보는 것은 더더욱 힘들었습니다. 이번에 나눌 존 웨슬리가 바로 옥스퍼드 대학 출신이었습니다. 영국 성공회 목사의 아들로 태어난 존 웨슬리는 타고난 영민함과 기독교적 윤리로 잘 교육된, 지성과 영성을 겸비한 인재였습니다. 그야말로 어느 것 하나 빠진 것 없는 인물이었습니다.

그런데 이처럼 털어서 먼지 하나 나올 것 같지 않은 웨슬리였지만, 그가 평생을 몸담았던 사역지는 사람들의 관심에서 멀리 떨어져있는 어둡고 칙칙했던 곳이었습니다.

당시 영국의 주류 교단인 성공회의 주요 구성원은 왕족, 귀족, 지식인, 자산가 등 상류층들이었습니다. 그래서 가난하고 헐벗은 사람들은 성공회로부터 외면당했습니다. 웨슬리도 성공회 목사의 아들로 태어나 명문 대학을 졸업한 수재였기에, 이러한 상류층 기독교인들을 상대로 충분히 근사하게 목회를 할 수 있었습니다.

그러나 복음의 비밀을 깨달은 웨슬리는 겉모습의 화려함만을 쫓아 편안한 가운데 사역할 수 없다고 생각했습니다. 그래서 그는 배우지 못하고, 헐벗고, 굶주린 가난한 사람들에게 복음을 전했습니다. 그는 깨끗하고 웅장한 교회에서 설교하지 않았습니다. 대신에 흙과 거름 냄새가 진동하는 농촌, 시커먼 석탄가루가 휘날리는 탄광촌, 한량들과 술주정뱅이들, 매춘부들이 돌아다니는 뒷골목 등에서 그리스도의 복음을 선포했습니다.

웨슬리는 절망만이 드리워있던 영국의 어두운 가장자리에서 희망의 복음을 선포한 설교자였습니다. 웨슬리의 사역은 누가복음 4장 18절에 나오는 예수님의 사명을 그대로 닮아있었습니다.

눅 4:18 | 주의 성령이 내게 임하셨으니 이는 가난한 자에게 복음을 전하게 하시려고 내게 기름을 부으시고 나를 보내사 포로 된 자에게 자유를, 눈 먼 자에게 다시 보게 함을 전파하며 눌린 자를 자유롭게 하고

(2) 존 웨슬리의 소원이 담긴 기도

웨슬리의 평생의 사명은 그리스도를 모르는 자들에게 그리스도를 믿도록 하는 것, 믿는 자들을 성화에 이르도록 하는 것, 그리고 가난한 자들의 삶을 더욱더 윤택하게 하는 것이었습니다. 그의 이러한 사명은 그의 기도 속에 그대로 묻어나있습니다.

> 오, 하나님 당신은 위대하신 주님을 통하여 천국을 얻기 위해 필요한 수고와 고난을 보여주셨으며, 우리가 힘으로 천국을 쟁취해야 함을 가르치셨습니다.
> 당신께 간구하오니, 연약한 우리를 도우사 예수 그리스도의 제자요 군사인 우리에게 닥칠 고난과 역경을 능히 이기게 하소서.
> 성부와 성령과 함께하실 주 예수 그리스도여, 영원히 살아계셔서 천국을 다스리시는 주 예수 그리스도를 믿으며, 자기를 부인하고 연단을 통해 천국에 가도록 도우소서.

(3) 존 웨슬리의 기도가 주는 의미

① 성결함을 열망하다.

웨슬리는 역동적인 활동가였습니다. 당시 자동차가 없었기 때문에 그는 주로 말을 타고 영국 전역을 누비며, 말씀을 전했습니다. 그가 전했던 메시지의 핵심은 두 가지였습니다. 첫 번째, 오직 예수 그리스도를 믿는 믿음으로 받는 구원, 두 번째, 구원받은 그리스도인이 살아야 할 거룩한 삶이었습니다.

첫 번째 메시지가 '오직 믿음으로', '오직 은혜로'를 기치로 내세웠던 종교개혁의 정신을 이어받은 것이었다면, 두 번째 메시지에는 웨슬리 특유의 성결한 삶에 대한 열망이 담겨있었습니다. 웨슬리는 그리스도인들에게 성결이라는 새로운 목표를 심어주었습니다. 그것은 종교개혁의 정신인 '오직 믿음에 의한 구원'과는 다른 새로운 은혜였습니다. 그는 성도들에게 '의롭다고 여겨지는 것'을 넘어서서 '진실로 의로운 삶'을 살아야 한다고 가르쳤습니다.

우리는 그의 기도에서 성결함을 향한 열망을 확인할 수 있습니다. "성부와 성령과 함께하실 주 예수 그리스도여, 영원히 살아계셔서 천국을 다스리시는 주 예수 그리스도를 믿으며, 자기를 부인하고 연단을 통해 천국에 가도록 도우소서." 자신을 부인하고 하나님의 손에 연단받아 더욱 더 그리스도를 닮고자 했던 그의 간절함을 엿볼 수 있습니다.

그는 왜 이처럼 성결함을 열망했던 것일까요? 첫째, 어린 시절부터 배우고 익혔던 엄격한 기독교적 윤리관 때문이었습니다. 성결함은 그의 삶 자체였습니다. 둘째, 가난과 절망적인 삶을 반복하며, 이를 자식에게까지 대물림해주었던 영국의 빈민들, 더 나아가 신앙이 있다고 하면서도 정작 행함으로 살지 못했던 영국의 모든 그리스도인들을 향한 그의 사랑 때문이었습니다.

그가 보기에 영국의 빈민들이 희망찬 삶을 살아가고, 영국의 그리스도인들이 실천하는 그리스도인이 되기 위해서는 '믿음으로 얻는 의'와 함께 새로운 은혜가 필요했습니다. 바로 성결함을 이루기 위한 영적인 노력이 동반되어야만 했습니다. 웨슬리는 참된 성결을 이룰 때 가난한 자들도 희망을 얻고 새 삶을 살며, 영국의 기독교 또한 살아날 수 있다고 믿었던 것입니다.

우리의 기도에서 얼마나 성결한 삶을 향한 열망이 고백되는지, 우리가 얼마나 성결함을 따르기 위해 몸부림치는지 한번 돌아봐야 할 것 같습니다. 하나님께서는 우리에게 이 세상 풍조를 따르지 말며 거룩한 삶을 살아야 한다고 누누이 말씀하셨습니다.

> 롬 12:1-2 | 그러므로 형제들아 내가 하나님의 모든 자비하심으로 너희를 권하노니 너희 몸을 하나님이 기뻐하시는 거룩한 산 제물로 드리라 이는 너희가 드릴 영적 예배니라 너희는 이 세대를 본받지 말고 오직 마음을 새롭게 함으로 변화를 받아 하나님의 선하시고 기뻐하시고 온전하신 뜻이 무엇인지 분별하도록 하라

성결한 삶은 실천해도 되고 안 해도 되는 것이 아닙니다. 모든 그리스도인의 의무입니다. 그리고 성결한 삶은 그리스도인의 능력이 됩니다. 세상을 살아갈 힘을 얻고, 세상 가운데 영향력을 발휘하며 세상을 변화시키는 그리스도인이 되기 위해서는 성결한 삶을 실천해야 합니다. 성결함을 열망했던 웨슬리의 기도를 기억하며, 세상에는 속해있지만 세상과는 다른

삶을 사는 진정으로 거룩한 그리스도인이 되기 위해 힘써야 할 것입니다.

② 전진 또 전진하는 신앙

하나님께서는 교회를 '그리스도를 머리로 하는 그리스도의 충만함'(엡 1:22-23)이라고 말씀하셨습니다. 교회가 그리스도의 충만한 사랑을 세상 가운데 전하지 않으면 세상은 생명력을 잃어버리고 맙니다. 더불어 교회 또한 성장을 멈추고, 메말라버리고 맙니다. 그러므로 교회는 늘 새로운 성령의 역사를 추구하며, 세상 가운데 그리스도의 사랑을 역동적으로 전해야 합니다.

웨슬리는 이러한 교회의 사명을 일찍이 깨달았던 사람입니다. 그래서 그의 사역에는 언제나 '역동성'이 넘쳤습니다. 그는 평생 동안 25만 마일의 거리를 말을 타고 달리며 복음을 전했고, 총 4만 번의 설교를 했습니다. 그가 설교했던 곳은 안락한 교회가 아니었습니다. 지붕도 없고 편안한 의자도 없는 야외였습니다. 교회에 나오기를 꺼려하는 사람들, 교회를 멀리 떠난 사람들에게 찾아가 복음을 전하기 위함이었습니다. 그는 70세가 될 때까지 말을 타고 전도여행을 했으며, 80세 중반이 되어서야 설교 사역을 쉴 정도로 열정이 넘쳤습니다.

웨슬리의 기도에는 그의 이러한 열정이 고스란히 묻어나있습니다. "오, 하나님 당신은 위대하신 주님을 통하여 천국을 얻기 위해 필요한 수고와 고난을 보여주셨으며, 우리가 힘으로 천국을 쟁취해야 함을 가르치셨습니다. 당신께 간구하오니, 연약한 우리를 도우사 예수 그리스도의 제자요 군사인 우리에게 닥칠 고난과 역경을 능히 이기게 하소서."

우리는 이 기도를 통해 예수님께서 담대히 십자가를 지셨던 모습을 본받아, 주님 주신 사명을 이루기 위해 전진하고 또 전진하는 신앙을 배울 수 있습니다. 또한 어떠한 역경과 고난이 올지라도 주님께서 승리를 주실 것이라 믿고 돌파해 나아가겠다는 굳건한 의지를 배울 수 있습니다.

하나님의 축복을 받으면 받을수록 좋은 점도 많지만 그렇지 않은 점도 많습니다. 그것은 신앙의 열정과 역동성이 사라져버리는 경우가 많다는 것입니다. '이만하면 됐다.'라는 생각이 우리의 마음속에 들어와 신앙 성장을 위한 노력, 복음전도, 봉사 등을 소홀히 하게 됩니다. 하지만 우리는 70세가 넘도록 순회전도를 다니며, 80세가 넘도록 설교했으며, 영국을 영적으로 도덕적으로 변화시키기 위해 평생토록 헌신했던 웨슬리의 삶을 기억해야 합니다.

사도 바울도 신앙은 멈추지 않고 전진 또 전진하는 것임을 강조하기 위해 다음과 같이 말했습니다.

> 빌 3:12-15 | 내가 이미 얻었다 함도 아니요 온전히 이루었다 함도 아니라 오직 내가 그리스도 예수께 잡힌 바 된 그것을 잡으려고 달려가노라 형제들아 나는 아직 내가 잡은 줄로 여기지 아니하고 오직 한 일 즉 뒤에 있는 것은 잊어버리고 앞에 있는 것을 잡으려고 푯대를 향하여 그리스도 예수 안에서 하나님이 위에서 부르신 부름의 상을 위하여 달려가노라 그러므로 누구든지 우리 온전히 이룬 자들은 이렇게 생각할지니 만일 어떤 일에 너희가 달리 생각하면 하나님이 이것도 너희에게 나타내시리라

신앙은 자전거를 타는 것과 같습니다. 끊임없이 페달을 밟고 돌리지 않으면 넘어지고 맙니다. 만약 우리 안에 신앙의 열정과 역동성이 사라졌다면, 웨슬리의 삶과 그의 심정이 깊이 배어있는 기도를 떠올리시기 바랍니다. 이를 통해 우리가 이 땅을 사는 동안 어떠한 마음가짐으로 신앙생활을 해야 할지를 깨달으시기 바랍니다. 하나님은 우리가 전진하고 또 전진하는 신앙을 갖기 원하십니다. 주님 품에 안기는 그날까지, 더 주님 닮기 위해 힘쓰고, 열정적으로 복음을 전하고, 교회와 세상을 위해 헌신하는 우리 모두가 되어야 할 것입니다.

미국의 대부흥사 무디는 어느 날 술 공장의 개업 예배를 인도하게 되었습니다. 교인의 부탁이라 할 수 없이 개업 예배를 인도하기는 했지만 아무래도 하나님의 뜻 같지가 않았습니다. 그래서 그는 술 공장의 개업 예배 마지막에서 이 공장이 당장 내일이라도 문을 닫게 해달라고 기도했습니다. 왜냐하면 이 공장에서 생산되는 술로 인하여 많은 사람들이 타락할 것이라고 생각했기 때문입니다. 그의 기도로 말미암아 사람들은 축하 파티를 하려다가 모두 당황하여 돌아가 버렸습니다. 그날 밤 술 공장 주인은 한숨도 잘 수가 없었고, 조용히 주님께 기도했습니다. 기도하는 중에 그는 술 공장이 주님의 뜻이 아님을 깨달았고, 그다음 날 양조장 문을 열지 않았습니다. 그리고 그 장소에 신학교를 세웠는데 그것이 바로 무디 신학교입니다. 한 사람이 기도 중에 자기의 뜻을 포기하고 하나님의 뜻을 따랐을 때 술 공장이 변하여 신학교가 되었습니다.

PRAYER · THE · PASSAGE · TO · GRACE

1. 예수님을 부끄러워하지 않고, 삶에서 담대히 십자가를 지게 해달라고 기도합시다.
2. 우리를 죄에서 해방시켜주고, 우리의 참된 소망이신 주님을 만나게 해달라고 기도합시다.
3. 언제나 주님의 평화를 전하고, 베풀고 나누는 삶을 살게 해달라고 기도합시다.
4. 한없이 부족한 우리를 의롭다 칭해주시는 하나님을 만나게 해달라고 기도합시다.
5. 성결한 영혼과 마지막까지 푯대를 향해 나아가는 신앙을 갖게 해달라고 기도합시다.

묵상

1. 삶에서 얼마나 예수님을 자랑했는지 생각해봅시다.
2. 삶 가운데 얼마나 평화를 전하고, 베풀고 나누는 삶을 살았는지 생각해봅시다.
3. 성결한 영혼을 위해 얼마나 몸부림쳤는지 생각해봅시다.

적용

1. 평화를 전하며, 가난한 이들에게 베풂과 나눔을 실천하는 하나님의 사람이 되도록 기도합시다.
2. 갈급함을 채워주실 뿐만 아니라, 우리를 의롭다 칭해주시는 주님을 만나게 해달라고 기도합시다.
3. 성결한 영혼을 지키고, 늘 전진하는 신앙을 갖게 해달라고 기도합시다.

부록. 주제별 기도 예문

우리는 기도에 대해 많은 것들을 배우지만 실제로 기도를 하려고 하면 말문이 막히는 경우가 많습니다. 이번 부록은 기도를 잘하고는 싶으나 어디에서부터 어떤 내용으로 기도해야 하는지 잘 모르는 성도님들을 위해서 수록되었습니다. 부록에 제시된 기도 예문을 읽으며 연습하다보면, 은혜가 넘치고 상황에 맞는 기도를 하나님께 올려드릴 수 있을 것입니다.

가정 예배
The Passage to Grace

사랑이 무한하시고 선한 목자 되신 하나님 아버지, 험한 세상에서 저희들을 지켜주시고 푸른 초장으로 인도해주셔서 감사드립니다. 날마다 이 가정에 일용할 양식을 주시고, 평강의 복을 내려주시니 감사드립니다.

저희 가족이 한자리에 모여 한마음으로 하나님을 예배하게 해주셔서 감사드립니다. 저희 온 식구가 하나님을 사랑하고 서로를 사랑하여, 예수님의 사랑이 저희 가정에 넘쳐나도록 해주옵소서.

날마다 주님의 은혜로 저희 가정이 물질적으로 부족함이 없도록 채워주심을 감사드립니다. 저희 가정이 세상의 재물을 의지하지 않고, 언제나 주님의 인도하심을 의지하는 믿음의 가정이 되게 하옵소서.

세상의 쾌락, 정욕, 탐욕, 헛된 것에서 저희 가정을 보호해주시고, 하나님의 말씀 가운데 살아갈 수 있도록 지켜주셔서 감사드립니다. 세상의 즐거움보다 하나님과 동행하며 교제하는 참된 즐거움을 사모하는 가정이 되게 하옵소서.

저희 가정이 항상 하나님을 찬송하고 하나님께 영광 돌리는 가정이 되게 하옵소서. 이웃과 친척들에게 사랑을 나누고 복음을 전하는 믿음의 가정이 되게 하옵소서.

예수님의 이름으로 기도드립니다. 아멘.

추모 예배

The Passage to Grace

자비하신 하나님 아버지, 예수 그리스도를 통해 우리에게 영원한 생명과 구원을 주셔서 감사드립니다. 날마다 우리에게 넘치는 은혜를 베풀어주셔서 예수 그리스도의 생명이 충만한 삶을 살게 하실 것을 믿습니다.

이 시간 저희 가정이 하나님의 부르심을 받고 천국에서 안식하고 있는 우리의 가족 ○○○ 성도님을 추모하며 하나님께 감사하고자 모였습니다.

고인을 떠나보내며 겪은 슬픔과 허전함을 하나님의 은혜로 위로받게 해주셔서 감사드립니다. 앞으로 우리 가족 모두가 더욱더 주님을 의지함으로 험한 세상 가운데서 승리하며 살아갈 수 있도록 은혜의 은혜를 더해주옵소서.

온 가족들이 고인의 생전을 기억하고 그의 유지를 잘 이어나가 주님께서 다시 오실 날을 기다리며, 주의 일에 더욱 힘쓰게 하옵소서. 그리하여 저희 가정이 하나님의 복을 받아 이웃들에게 베풀고 나누며, 하늘의 상급을 쌓는 복된 자들이 되게 하옵소서.

예수님의 이름으로 기도드립니다. 아멘.

명절 예배

The Passage to Grace

좋으신 하나님 아버지, 저희 가정이 하나님의 은혜로 구원받고 하나님의 귀한 자녀가 되어 아브라함에게 약속하신 복을 누리게 해주셔서 감사드립니다. 하나님의 은혜가 가정 가운데 임하여 하는 일마다 형통하게 하시고, 하나님의 사명을 온전히 감당하게 해주셔서 감사드립니다.

명절을 맞이해 온 가족이 한자리에 모였습니다. 많은 가족들이 예수 그리스도를 영접하고 하나님의 백성이 되게 해주신 것 감사드립니다. 아직 주님 앞에 나오지 못한 가족들도 주님 품에 안기게 해주옵소서. 주님께서 구원의 은총을 베풀어주옵소서. 온 가족이 주님 앞에 모여 하나님을 경외하며 예배하는 은혜를 허락해주옵소서.

온 가족이 하나님 보시기에 합당한 말과 행동을 하여 하나님께 영광이 되고, 성령님께서 주시는 기쁨이 넘치는 명절 되게 해주옵소서. 예수 그리스도의 사랑으로 저희 가정에 화평과 화목이 넘쳐나게 하옵소서. 우리 모두가 함께 하나님을 찬송하며 하나님께 영광 돌리는 삶을 살도록 은혜 내려주옵소서.

예수님의 이름으로 기도드립니다. 아멘.

생일 감사 기도
The Passage to Grace

우리에게 생명을 주신 하나님 아버지. 저희 가정 안에 평안을 주시며 온 가족이 건강하고 주님의 사랑 안에서 화목을 누리게 해주셔서 감사드립니다.

이번에 맞이하는 ○○○의 생일(생신)이 하나님께서 육의 생명을 주신 것에 감사하는 날 되게 해주옵소서. 더불어 하나님의 은혜로 영원한 생명을 얻게 된 것에 감사하는 하루 되게 해주옵소서.

○○○이 평생 하나님의 은혜에서 떠나지 않고 주님을 의지하는 삶을 살게 하옵소서. 온 만물의 창조자 되시고 생명의 근원 되시는 하나님의 능력과 은혜를 깊이 알게 하옵소서.

○○○의 마음에 심긴 생명의 씨앗이 성장해 열매 맺게 하옵소서. 그리하여 성령의 아홉 가지 열매가 ○○○의 삶에 풍성하게 맺히고, 그리스도의 생명으로 늘 충만하게 하옵소서.

예수님의 이름으로 기도드립니다. 아멘.

시험을 앞둔 자녀를 위한 기도

The Passage to Grace

우리의 능력이 되신 하나님 아버지. 오늘도 이 가정에 함께하시고 우리에게 힘과 능력을 주셔서 감사드립니다.

하나님, ○○○의 시험을 앞두고 하나님의 도우심을 간구합니다. 그동안 지혜와 능력을 주시는 하나님을 의지하며 하나님의 영광을 위해 학업에 힘썼던 것을 기억해주옵소서.

마지막 경주에 끝까지 최선을 다할 수 있도록 인내와 믿음을 더해주옵소서. 이제껏 저희 자녀가 주님을 의지하고 성실하게 공부해왔으니 결과는 주님께 맡기고 평안한 마음으로 시험에 임하게 하옵소서.

주님께서 아이에게 이미 승리를 주신 것을 믿사오니 이번 시험을 통해 그의 믿음과 인내가 풍성하게 열매 맺는 것을 경험하는 기회가 되게 하옵소서.

예수님의 이름으로 기도드립니다. 아멘.

주일 예배 대표기도

The Passage to Grace

전능하시고 사랑이 무한하신 하나님 아버지, 은혜와 사랑을 감사드립니다. 거룩하고 복된 날을 허락하셔서, 주의 백성들이 예수님의 보혈을 의지하여 하나님께 영광과 존귀를 올리게 하시니 감사드립니다. 이 시간 하나님의 은혜를 간절히 간구하오니 생수의 강이 흘러넘치게 하여주옵소서. 치료와 회복의 역사가 있게 하여주옵소서.

지난 한 주간도 세상 가운데 연약한 모습으로 살았음을 고백합니다. 우리의 모든 죄와 허물을 용서하여주옵소서. 십자가에서 흘리신 보혈의 피로 깨끗하게 씻어주옵소서.

우리나라를 불쌍히 여기시고 긍휼을 베풀어주옵소서. 우리나라가 하나님 앞에서 악을 버리고 죄를 범하지 않으며, 오직 하나님을 경외하고 하나님만을 주로 섬기는 민족 되게 하여주옵소서. 대통령과 위정자들에게 지혜와 명철을 허락하여주옵소서. 그러므로 나라와 민족이 든든하게 설 수 있도록 인도하여주옵소서.

주님의 몸 된 교회를 축복하여주심을 감사드립니다. 교회를 섬기는 담임목사님과 모든 교역자들에게 영육간의 강건함을 허락하여주시고, 교회를 섬기기에 피곤하지 않도록 새 힘을 주시고, 사역 가운데 축복하여주옵소서.

이 시간 ○○○ 목사님을 단 위에 세워주심을 감사드립니다. ○○○ 목사님에게 하나님의 능력을 갑절로 입혀주셔서 능력의 말씀을 선포하게 하여주옵소서. 그로 인해 성도들의 심령과 골수가 쪼개지며, 모두가 성령의 충만함을 받고,

귀신이 떠나가며, 질병이 치료되며, 삶의 문제들이 해결되게 해주옵소서.

장로로부터 갓난아이에 이르기까지 모든 성도들을 하나님의 은혜로 충만히 채워주시고, 모든 성도들이 교회, 가정, 일터에서 맡겨진 사명에 충성을 다하도록 하옵소서. 예배를 섬기는 모든 손길 가운데 함께하시고 축복하여주옵소서.

예배의 처음과 끝을 주님께 맡깁니다. 주님만 홀로 영광 받으시옵소서.

예수님의 이름으로 기도드립니다. 아멘.

헌금 기도
The Passage to Grace

사랑이 무한하시고 은혜로우신 하나님 아버지, 크신 은혜와 사랑을 감사드
립니다. 거룩하고 복된 날 저희들을 불러주시고 영과 진리로 예배드리게 해주심
을 감사드립니다.

받은 은혜에 감사하여 준비한 예물 드리기를 원합니다. 기쁘고 즐거운 마음
으로 드릴 수 있도록 성령님 우리 마음을 인도하여주옵소서.

예수님의 이름으로 기도드립니다. 아멘.

구역 예배 대표기도
The Passage to Grace

사랑이 무한하신 하나님 아버지, 죄에 빠져 죽을 수밖에 없었던 우리를 하나님의 자녀 삼아주시고, 하나님의 복을 받아 누리는 존재가 되게 해주셔서 감사드립니다.

이 시간 저희 구역이 하나님의 말씀과 은혜를 사모하여 하나님을 예배하기 위해 모였습니다. 저희 구역의 예배를 통해 하나님께서 영광 받아주옵소서.

우리가 하나님의 자녀라고 고백하면서도 하나님의 나라와 의를 구하는 일보다 세상의 부와 명예에 더 집중했던 것을 회개합니다. 우리의 마음을 보혈로 깨끗하게 씻어주시고, 언제나 하나님만을 바라보며 섬기게 해주옵소서.

질병과 삶의 어려움, 자녀와 영육 간의 문제를 갖고 주님 앞에 나왔습니다. 우리의 기도를 들으시고, 은혜의 단비를 부어주사 모든 문제를 해결하여주옵소서.

모든 구역 식구들에게 성령충만을 내려주셔서 우리의 가족과 이웃을 주님 앞으로 인도하게 해주옵소서. 그로 인해 구원받은 영혼들로 우리 구역이 차고 넘치게 해주옵소서.

항상 구역 식구들을 위해 헌신하시는 구역장님에게 하나님의 복을 허락해주시고, 범사에 형통의 은혜를 내려주옵소서.

예배의 처음과 끝을 주님께서 인도하시고, 충만한 은혜로 임하여주옵소서.

예수님의 이름으로 기도드립니다. 아멘.

기관 헌신 예배(장로회, 권사회, 남선교회, 여선교회, 청년회 등)

The Passage to Grace

은혜와 자비가 풍성하신 하나님 아버지. 영원히 죽을 수밖에 없는 우리에게 예수 그리스도를 보내주셔서 구원과 영생을 얻게 해주신 은혜를 감사드립니다.

이 시간 ○○○ 헌신 예배를 위해 모인 우리들에게 새롭고 정결한 마음을 주옵소서. 성령의 은혜로 마음을 새롭게 하고 변화를 받아 하나님의 기뻐하시는 뜻을 행하는 저희 모두가 되게 해주옵소서.

혹여나 우리의 지식과 경험을 앞세웠던 모습들, 서로를 판단하고 정죄하는 모습들이 있었다면 용서해주시고, 겸손과 사랑으로 섬기는 우리 모두가 되게 해주옵소서. 성령님께서 주시는 힘과 능력으로 일하며 순전한 마음으로 교회를 섬기는 자들이 되게 하옵소서.

범사에 복을 주셔서 하나님의 일에 더욱 헌신할 수 있도록 해주시고, 우리 모두가 작은 예수로서 가정과 일터에서 그리스도의 사랑을 나타내는 자들이 되게 하옵소서.

○○○의 모든 사역들 위에 하나님의 뜻을 이루어주옵소서. 우리의 모든 사역을 통해 교회가 견고하게 세워지기를 원합니다. 하나님께서 명하신 사명들을 능히 감당할 수 있는 ○○○가 되게 하옵소서.

○○○ 헌신 예배의 모든 순서 가운데 성령님께서 함께해주시고, 예배를 통해 우리 모두가 넘치는 하나님의 은혜를 체험하게 해주시옵소서.

예수님의 이름으로 기도드립니다. 아멘.

부흥 집회 대표기도

The Passage to Grace

전능하신 하나님 아버지, 우리를 하나님의 백성으로 삼아주시고 영생과 천국의 기업을 주신 은혜를 감사드립니다. 예수 그리스도의 보혈로 우리가 구원을 받고 모든 질병과 문제에서 벗어나 하나님의 크신 은혜를 누리게 해주셔서 감사드립니다.

성령님, 오늘 부흥 집회에 바람같이, 불같이, 생수같이 임해주셔서 우리의 심령을 새롭게 해주시고 모두가 성령충만 받게 해주옵소서. 이 시간 우리의 모든 죄를 성령의 불로 제하여주시고 우리의 심령을 하나님의 은혜로 채워주옵소서. 우리 모두 이번 부흥회를 통해 성령의 권능을 입고, 땅끝까지 복음을 증거하는 그리스도의 제자들이 되게 해주옵소서.

성령충만은 예수 충만임을 우리가 기억합니다. 우리 모두가 작은 예수로서 이웃을 위해 기도하고 예수 그리스도의 생명을 나누며 살아가게 하옵소서. 성령님께서 주시는 힘과 능력으로 주님의 몸 된 교회를 섬기며 헌신하는 성도가 되게 하옵소서. 나라와 민족을 위해 기도하며 맡은 일에 충성해 이 나라를 변화시키며 민족 복음화에 앞장서는 성도가 되게 하옵소서.

오늘 이 시간 예배를 인도하시는 목사님에게 성령의 기름을 부어주옵소서. 예배의 모든 순서를 통해 하나님의 크신 역사를 경험하게 될 것을 믿습니다. 주님만 홀로 영광 받으시옵소서.

예수님의 이름으로 기도드립니다. 아멘.

PRAYER 1

영접 기도
The Passage to Grace

3. 심방에서의 기도

하나님 아버지, 저는 죄인입니다.

어디에서 와서, 왜 살며, 어디로 가는지 알지 못하고, 방황하며 살았습니다.

저의 죄를 사하시기 위하여 십자가에 죽으시고 부활하신 예수님을 제 구주로 모셔들입니다.

저는 이제 하나님의 자녀가 되었습니다.

지금부터 영원토록 주님과 함께 살겠습니다.

예수님의 이름으로 기도드립니다. 아멘.

PRAYER 2

새신자 심방
The Passage to Grace

유일한 구원의 반석이신 하나님 아버지, 우리를 모든 죄악에서 구원하시고 참 자유를 주신 은혜를 감사드립니다. 우리와 날마다 동행하시며 하나님의 뜻 가운데로 우리를 인도해주셔서 감사드립니다.

하나님께서는 모든 사람이 구원을 받으며 진리를 아는 데 이르기를 원하신다고 말씀하셨습니다. 이제 새롭게 주님 앞에 나아온 ○○○ 성도님의 가정에 주님의 구원의 은혜가 넘치게 해주옵소서. 아직 믿지 않는 ○○○ 성도님의 가족들이 있다면, 그들에게도 하나님의 구원이 임할 것을 믿습니다.

무엇보다 ○○○ 성도님의 믿음이 성장할 수 있도록 은혜를 부어주옵소서. 날마다 기도와 말씀 묵상으로 살아계신 하나님을 경험하게 하옵소서. 지혜를 주셔서 하나님의 뜻을 깨닫게 하시고 하나님을 아는 지식이 날로 자라가게 하옵소서.

○○○ 성도님을 통해 가정이 범사에 선한 열매를 맺고, 그리스도의 사랑이 가정 가운데 넘치도록 하옵소서.

예수님의 이름으로 기도드립니다. 아멘.

병원 심방

The Passage to Grace

빛과 소망이신 하나님 아버지, 오늘도 우리에게 생명을 주시며 평안과 기쁨이 넘치는 삶을 허락해주셔서 감사드립니다. 예수 그리스도께서 우리를 대신하여 채찍에 맞으시고 십자가에서 고난받으심으로 말미암아 우리가 구원과 건강과 평화를 누리게 된 것을 감사드립니다.

자비하신 하나님, 질병으로 고통받고 있는 ○○○ 성도님에게 치료의 손길을 베풀어주옵소서. 질병으로 인해 두려워하는 마음이 있다면 성령님께서 그 마음 가운데 평안으로 함께해주옵소서. ○○○ 성도님이 영육 간에 강건해져서 주님 께서 맡겨주신 일들을 잘 감당하고 하나님께 영광 돌리는 삶을 살게 하옵소서.

우리가 한마음으로 합심하여 성도님의 병 낫기를 위해 간구하오니 우리에게 하나님의 역사하심을 경험하게 하옵소서. 주님의 치료의 광선이 성도님에게 임 하셔서 질병이 깨끗이 치유되게 하옵소서.

우리 중에 두세 사람이 합심하여 무엇이든지 구하면 하늘에 계신 아버지께서 이루어주신다고 약속하셨습니다. 하나님께서 우리의 간구를 들으시고 응답하 실 줄을 믿습니다.

예수님의 이름으로 기도드립니다. 아멘.

장례식
The Passage to Grace

인간의 생사화복을 주관하시는 하나님 아버지. 누구든지 예수 그리스도의 이름을 부르고 그 이름을 영접하는 자는 영생을 얻고 하나님의 자녀가 되는 것을 믿습니다.

하나님께서 ○○○ 성도님이 이 땅을 사는 동안 천국 본향을 예비하게 하시고, 평안과 사랑으로 인도해주셨음을 믿습니다. 이제 우리의 사랑하는 ○○○ 성도님이 이 땅에서의 삶을 모두 마치고 천국에서 영원한 안식을 누리게 되었습니다.

남아있는 가족들에게 은혜를 베풀어주셔서 위로해주옵소서. 고인이 하나님의 품에서 영원한 안식을 누릴 것을 믿으며, 주님 안에서 다시 만날 그 날을 소망하는 가족들이 되게 하옵소서.

우리의 육신은 썩어서 없어지지만, 그리스도의 생명이 있는 자는 주님께서 다시 오시는 날에 영광의 몸으로 부활해 주님을 맞이할 것을 믿습니다. 주님 안에서 먼저 잠들었던 자들이나 살아있는 자들이나 다 함께 영광의 몸으로 변화하여, 다시 만날 것을 믿습니다.

가족들의 마음을 소망으로 굳게 지켜주시고 믿음으로 승리의 삶을 살아갈 수 있도록 도와주옵소서.

예수님의 이름으로 기도드립니다. 아멘.

개업 예배
The Passage to Grace

만복의 근원이 되신 하나님 아버지. 그리스도를 믿음으로 복의 근원이 되게 하신 은혜에 감사와 찬송을 올려드립니다.

오늘 ○○○ 성도님이 새로이 사업을 시작하게 하신 것 감사드립니다. 성도님의 사업장에 복을 허락하셔서 사업이 형통하게 하시고, 정직과 성실로 사업장을 이끌어갈 때 하나님의 복이 크게 임하여 하나님께 영광 돌리게 하옵소서.

잠깐이면 사라지는 재물에 마음을 두지 않게 하시고, 오직 하나님을 경외하여 이웃을 위해 나누고 베푸는 일에 힘쓰게 하옵소서. 성도님이 사업을 진행하는 동안 인간의 생각과 지혜가 아닌 하나님께 먼저 기도하고 하나님께서 주시는 지혜로 일하게 하옵소서.

만물이 하나님으로 말미암았고, 하나님께 속해있음을 믿습니다. 사업의 모든 과정이 하나님의 뜻대로 이루어지게 하시고, 사업의 모든 결과를 하나님께 맡기게 하옵소서. 사업을 통해 하나님의 영광을 위해 헌신하는 성도님 되게 하옵소서.

예수님의 이름으로 기도드립니다. 아멘.

기도,
은혜의
통로

초판 1쇄 발행   2017년 4월 13일

지은이 | 이영훈
펴낸곳 | 교회성장연구소
주　간 | 김호성
편집인 | 김형근
편집장 | 박인순
기획 · 편집 | 강지은
영업 · 마케팅 | 김미현, 이경재, 이기쁨
표지디자인 | 김미나
내지디자인 | 서은진
마케팅팀 | 02-2036-7935
단행본팀 | 02-2036-7928

등록번호 | 제 12-177호
주소 | 서울특별시 영등포구 여의공원로 101 CCMM빌딩 7층 703B호
웹사이트 | www.pastor21.net

ISBN | 978-89-8304-262-0
*책 가격은 뒤표지에 있습니다.
*잘못 만들어진 책은 바꿔드립니다.

"무슨 일을 하든지 마음을 다하여 주께 하듯 하라"(골 3:23)

교회성장연구소는 한국 모든 교회가 건강한 교회성장을 이루어 하나님 나라에 영광을 돌리는 일꾼으로 성장하는 것을 목표로, 목회자의 사역은 물론 성도들의 영적 성장을 도울 수 있는 필독서들을 출간하고 있다. 주를 섬기는 사명감을 바탕으로 모든 사역의 시작과 끝을 기도로 임하며 사람 중심이 아닌 하나님 중심으로 경영한다. "무슨 일을 하든지 마음을 다하여 주께 하듯 하라"는 말씀을 늘 마음에 새겨 하나님께서 주신 사명을 기쁨으로 감당한다.